奈良・秋篠の森

「なず菜」の
おいしい暮らしと
レシピ

はじめに

「秋篠の森」がオープンしたのは２００４年、七夕の日です。もともと植えられていたクヌギの木と目の前に広がる水田の緑がとても美しい、夏の景色でした。寛いだ時間をお過ごしいただける場所にしたいと願い、二部屋の小さなホテル「ノワ・ラスール」とレストラン「なず菜」、そしてギャラリー「月草」を作りました。

他県からも訪れてくださるお客さまに奈良の魅力をお伝えしたいと思い、いつも暮らしている奈良にもう一度目を向けてみると、歴史あるこの地の奥深さと多くのすばらしい宝物に、あらためて気付くことができました。

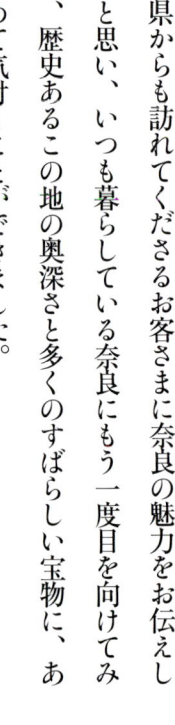

また、味も思い出の一つになればと、お客さまに喜んでいただける調理法や盛りつけ方などをいつも考えてきた日々だったように思います。

あれから間もなく丸9年の年月がたとうとしています。まわりの風景もずいぶん変わりました。水田は姿を消し、代わりに小さかった果樹や山野草が立派に育ち、実をつけ、新たな森を作ってくれています。

月替わりの料理を毎月楽しみに来てくださるご夫婦や、大切な記念日に揃って来てくださるご家族連れなど……楽しそうに召し上がっていただくお顔を拝見するのは本当にうれしく、喜びの瞬間です。

この本では、そんな料理の中から、ご家庭での食事やおもてなしにぴったりのものを選んでご紹介しています。皆さまの日々の食卓で、季節を楽しんでいただければ幸いです。

目次

- 2 はじめに

春は柔らかい緑に包まれて

- 8

春の料理 …… 12

- そら豆のすり流し わらびの葛だんご添え 13
- 春キャベツの海老しんじょ 香りごぼう巻き揚げ ゆずこしょうあんかけ 14
- 花わさびと山うどの三宝柑ジュレ 16
- 一夜干しイカとふだん草の葛うどんパスタ 大徳寺納豆風味 18
- つくし・椿の花びら・ゆきのしたの揚げもの 19
- 春野菜の蒸し寿司 20
- 【お口直し】塩桜のシャーベット 21
- たけのこと春野菜の木の芽鍋 22
- 【デザート】自家製うすいえんどうのみつ豆黒みつがけ 23

春の料理、いろいろ。…… 24

- 葉玉ねぎし揚げ麩の和スープ 24
- アサリと春菜のくずスープ 25
- たけのことイカの自家製飛竜頭 木の芽あんかけ 25
- 春野菜のサラダ もずくジュレがけ 26
- そら豆と新しょうがのかき揚げ 27
- 春れんこんとせりのかき揚げ 27
- 文旦のシャーベット 28
- 和紅茶のしょうがゼリー ふきの甘煮添え 28
- 【保存食】新しょうがの甘酢漬け 29
- 【保存食】実山椒の塩漬け 29

春の朝ごはん …… 30
パン3種と季節のジャム ヨーグルトと巣蜜 キウイ グリーンアスパラガスのスープ 地元の焼き野菜とベーコン

秋篠の森の夏 36

夏の料理 40 完熟丸ごとトマトのサラダ仕立て 41
スープ2種 ◎とうもろこしのすり流し ◎じゅんさいのとろろ汁
冬瓜そうめん青ゆず風味 じゅんさい添え 42
なす、オクラ、みょうがのごまだれ冷製葛うどんパスタ 43
揚げもの5種 44
◎にがうりと紫玉ねぎのかき揚げ ◎水なすの変わり揚げ
◎梅干しの天ぷら ◎タコときゅうりの甘酢揚げ ◎しまうりのしんじょ揚げ 46
衣の作り方と揚げ方　〈衣A（天ぷらの衣）〉、〈衣B（カツの衣）〉、〈衣C（変わり衣）〉 47
揚げもの5種の作り方 48
【お口直し】青じそのシャーベット 50
【デザート】杏仁豆腐 51

夏の料理、いろいろ。 52
トマトのしずく 52
帆立といちじくのパン粉揚げ 53
青なすとタコの柑橘冷製葛うどんパスタ 54
にがうりのシャーベット 55
巨峰のコンポート 55
ジャム3種 56
◎トマトとバジルのジャム ◎桃のジャム ◎すだちのマーマレード
【保存食】晩柑酢 57

夏の野菜 58

64 色彩の秋

68 秋の料理……焼きなすのスープ 69
海老と銀杏のえびいも包み しょうがあんかけ 70
あぶり帆立とラ・フランスのりんご酢ジュレ 71
田舎こんにゃくと結崎ネブカの古代米葛そばパスタ 72
あぶり大和牛とクレソンのおひたしのひとくち寿司 73
タチウオの梅肉青じそはさみ揚げ 74
【お口直し】和梨のシャーベット 75
イカのつみれと大和麩のゆず鍋 76
【デザート】大和茶あんみつ　自家製あんこ 77

78 秋の料理、いろいろ。……大和ねぎのすり流し 揚げつくねいも添え 78
黄カリフラワーのスープ 78
かぶと煎り玄米のスープ 79
菊いもと押し麦のスープ 79
煎り玄米のれんこんまんじゅう ゆずこしょうあんかけ 80
えびいもの酒粕あんかけ 80
豚のゆず角煮と蒸し野菜 81
長いもと大和きくなのかき揚げ 82
エビとアボカドのゆば巻き揚げ 82
菊いもとエビのコロッケ 83
大和豚と地野菜のごま鍋 84
甘酒のシャーベット 85
ほうじ茶ゼリーとみつ豆 85
【保存食】果実酒　ゆず　くるみ　洋梨　あけび　温州みかん 86
粕漬け　ゆずこしょう 87

88 秋の朝ごはん……茶粥　かれいの一夜干し　なすの揚げびたし　里いもの梅煮　大和まなと大和麩のおひたし　自家製葛もち

90 おべんとう……おにぎり三種

91 秋の野菜

92 私の好きな秋の奈良

地野菜の粕汁 99
大和まなと海老の雑穀シューマイ 温野菜添え 100
カニとかぶのレモン酢ジュレ 102
数の子と芽キャベツの葛うどん パスタ カルボナーラ仕立て 104
白身魚のごぼう巻き揚げ 105
大和豚と白菜のしょうがみそ鍋 106
【お口直し】紅玉のシャーベット 107
【デザート】いちごのあわ雪 108 黒豆のゼリー 109 干し柿のゼリー 109

冬の料理、いろいろ。…… 110

自家製豆腐 すだち塩とオリーブオイルがけ 110
梅ひとつの茶碗蒸し 111
きのこのかぶら蒸し 111
田舎こんにゃくのおかか揚げ 112
くわいの海老しんじょ揚げ 112
さつまいもと田作りのかき揚げ 113
里いもと銀杏の玄米リゾット しょうがみそ仕立て 114
ふぐと水菜の黒七味鍋 115

自家製のおいしいおみやげ 116
冬の野菜 117
私の好きな冬の奈良 118

ギャラリー「月草」 120
ギャラリー「月草」の奈良のおいしいものと雑貨 122
おわりに 124
索引 126

本の中の「だし」「スープ」のとり方

＊かつおだし（合わせだし）
◎材料　水1ℓ　昆布10cm角1枚　かつお節30〜40g
1 昆布を水から入れて火にかけ、沸騰直前に引き上げる。
2 かつお節を加えて、そのまま弱火で2〜3分煮て火を止め、かつお節が鍋底に沈むまでおき、布でこす。

＊昆布だし
◎材料　水1ℓ　昆布20cm角1枚
1 水に昆布を入れてひと晩おき、火にかけて、沸騰直前に引き上げる。

＊鶏ガラスープ
◎材料　鶏ガラ1羽分　水2ℓ　玉ねぎ½個　にんじん⅓本　長ねぎ¼本　昆布10cm角1枚
1 鶏ガラは、血や汚れを洗い落としてゆでこぼし、ぶつ切りにしておく。
2 鍋に水と材料すべてを入れて火にかけ、沸いてきたら弱火にし、アクを取りながら数時間煮て、ザルでこす。

計量の単位
1カップ …… 200mℓ
大さじ1 …… 15mℓ
小さじ1 …… 5mℓ
1合 …… 180mℓ

春は柔らかい緑に包まれて

3月のお水取りが終わると、ついこの間まで淋しげだった木々のあちこちに、春の訪れを告げる小さな膨らみが見え始めます。これから訪れる春への期待感に心も躍り、夢のような早さで、全ての木々が春色のグラデーションに移り変わっていく森の様子を見ていると、自然に気持ちも新たになります。

木々の緑は初々しく透けるような薄い若草色から、徐々にしっかりとした緑色に。そしてその足元には、「秋篠の森」を始めた9年前に植えた50種類以上もの山野草が、まるでショーを始めるかのごとく、白やピンク、ブルーの可憐な花を咲かせていきます。毎日毎日見ていないと、大事な時を逃してしまいそうなほど！　また空を見上げると、鳥たちも春が来たのがとってもうれしいかのように鳴き声をあげ、あの木この木へと渡っています。そして地面からは、冬眠していた小動物や虫たちが、顔をのぞかせ始めています。

春は、生きるべきものたちすべてが待っていた季節……。そして始まりの時。希望や夢、期待を膨らませ、たおやかで幸福な充実感を、この森に与えてくれるのです。

春

早春、薄緑の小さな葉を
つけ始めた木々が、やわらかな
緑色に染まっていく春。
小道に咲くたくさんの小さな
花を摘んで、部屋のあちこちに
飾るのがこの季節の楽しみ。
春ならではのぜいたくです。

白花アネモネ。紫、青などさまざまな色があり、ギリシャ語で風の意味

白花ヒヤシンス。庭に植えっぱなしで3年は平気。小さめになるがかわいい

白花タツナミソウ。花が波立っているように見えるところからついた名前

プスキニアリバノティカは、薄いブルーがきれいなヒヤシンスの仲間

ミヤコワスレは、紫系の花をよく見ますが、このように白い花も

(右ページ)春の緑はどこにいても気持ちがいい。「秋篠の森」を始めたときに、スタッフと石や枕木を埋めて作った小道や、種類を選んで植えたさまざまな木がずいぶん大きくなりました。花も実もしっかり楽しめます。毎日愛情を持って世話してくれるスタッフがいてこその生きた森です

空や木を見上げながら歩きつつ、足元に目をやれば、小さな花がたくさん咲いています。間引くようにさまざまな花を摘んで、部屋のあちこちに飾ります。時にはスタッフが家の庭から持ってきてくれることも。右上はクロユリ、左上はタイツリソウ、左はアヤメ、テーブルの上にはハクモクレンの枝、裏の竹林で採れた小さなたけのこ。冬に漬けたみかんの果実酒も、色のきれいな窓辺のインテリアに

青花アネモネ。アネモネは一重から八重まで、さまざまな印象を持つ花

タイツリソウは、赤系の花が、鯛がぶら下がったように見えるとついた名

オオムラサキツユクサは草丈50〜80㎝と大きい。とても丈夫。北米原産

ヤブデマリは白い花がくっきりと目立つ小高木。色が変化する実もきれい

オダマキは種類が多い。レクチャムゴールドという西洋オダマキの品種

春の料理

野菜に苦味を見つけたら、それが春の始まりです。長い冬を過ごしたからこその独特の強い香りに、まさに春を感じ、幸せな気持ちになります。

農家の方たちから春一番の野菜が届き始めると、料理人たちはその野菜を前に、さあ、この春はどんな料理を作ろうか……といろいろなことを頭に描きます。素材は料理を作る者の意欲を盛り上げます。メニューを考えていると、わくわくして、アイディアがあふれ出てきます。

わらび、花わさび、山うど、つくし、菜の花……。始まりの野菜は人の体を整え、日覚めさせ、活動的にしていく力を持っているようです。

山菜のあとは、たけのこの出番です。「秋篠の森」の裏には広い竹林があり、毎朝たけのこを掘るのも、料理人の仕事のひとつ。お客さまに新鮮なたけのこを味わっていただきたくて、毎日せっせと掘っています。

そんな春の恵みを存分に使ってお出しするこの季節の料理を、目でも舌でも楽しみ、春の訪れに、心なごんでいただければと思っています。

［春のある日のお食事］

そら豆のすり流し　わらびの葛だんご添え
春キャベツの海老しんじょ
香りごぼう巻き揚げ　ゆずこしょうあんかけ
花わさびと山うどの三宝柑ジュレ
一夜干しイカとふだん草の葛うどんパスタ
大徳寺納豆風味
つくし・椿の花びら・ゆきのしたの揚げもの
春野菜の蒸し寿司
お口直し　塩桜のシャーベット
たけのこと春野菜の木の芽鍋
ごはん　自家製じゃこ煮添え
香のもの
自家製うすいえんどうのみつ豆黒みつがけ

そら豆のすり流し わらびの葛だんご添え

お客さまに、奈良が誇る吉野葛を味わっていただきたくて考えたレシピです。やわらかい葛だんごの中のわらびの歯ごたえ、そら豆のすり流しのやわらかな緑。そら豆の実とわらびの穂先もあしらって五感で春を感じる和風スープです。

■材料(2人分)

そら豆(実)	400g
昆布だし	2カップ
麦みそ	40g
塩	少々
<わらびの葛だんご>	
吉野葛粉	30g
水	120mℓ
わらびの茎	10g
塩	少々
<あしらい用>	
そら豆(実)	4～6粒
わらびの穂先	2本
揚げ油	適量

■作り方

1 そら豆は薄皮をむき、ひとつまみの塩を入れた熱湯でゆでる。
2 ゆでたそら豆と昆布だしをミキサーにかけ、鍋に移して火にかけて麦みそと塩で味をととのえる。
3 わらびの葛だんごを作る。アクを抜いたわらびの茎を5㎜幅に刻む。鍋に葛粉と水を入れて溶き混ぜ、中火にかけて3～4分しっかり練る。透明になったら火から下ろし、わらびの茎と塩少々を加えてさらに練り混ぜ、スプーンでひと口大にすくって冷水にとる。
4 あしらい用のそら豆の実を素揚げにし、わらびの穂先はさっと湯通ししておく。
5 器に水をきった③の葛だんごを置き、熱くした②のすり流しを注いで、④をあしらう。

●わらびのアク抜き

わらび約100gにつき、重曹小さじ1弱を用意する。
1 深めのバットに洗ったわらびを入れて、重曹をまぶす。
2 わらびがかぶる程度の熱湯を注ぎ、新聞紙をかぶせてひと晩おく。
3 水がきれいになるまで洗い、1時間流水でさらす。

春キャベツの海老しんじょ 香りごぼう巻き揚げ ゆずこしょうあんかけ

しんじょに混ぜ込んだ
春キャベツのやわらかな甘さと
巻いて揚げた春ごぼうの香ばしさがポイント。
ゆずこしょうがピリッときいた
とろりとしたあんで、味をしめます。
香りごぼうは、「大和のこだわり野菜」に指定されている、
その名のとおり香りのよい春ごぼうです。
緑の葉ごぼうは、関東ではあまり見かけないかもしれません。

■材料（4人・4個分）

無頭エビ …………………… 150g
春キャベツ ……… 300～400ｇ
香りごぼう（春ごぼう） … 15cm
A
- しょうがのみじん切り・片栗粉 ………………… 各大さじ1
- 塩・酒 ……………… 各少々

片栗粉・揚げ油 ……… 各適量

＜あしらい用＞

葉ごぼう ………………… 1本
丸なす …………………… ¼個
白髪ねぎ ………………… 適量
黒七味（または七味） …… 少々

＜ゆずこしょうあん＞

B
- かつおだし ………… 260mℓ
- 薄口しょうゆ・みりん ……………………… 各20mℓ
- ゆずこしょう ………… 少々

水溶き片栗粉 ……… 大さじ2
（片栗粉1：水2）

＜薄衣＞

小麦粉 ……………… 大さじ4
水 ………………… 大さじ4½

■作り方

1 エビは殻をむいて包丁で粗くたたく。(a)
2 キャベツは長さ2～3cmの細切りにし、軽く塩（分量外）をふって塩もみし、しっかりしぼって水気をきる。
3 ①と②をボウルに入れ、Aを加えて練り合わせる。(b)
4 ごぼうは、タワシで洗い、皮をむかず、ピーラーで薄切りにする。
5 ③を4等分に丸めて軽く片栗粉をまぶし、④のごぼうを3～4本巻きつける。(c) (d)
6 薄衣を作り、⑤にからめて170℃の油で揚げる。
7 葉ごぼうは、長さ5cmに切り、5mm幅の細切りにして熱湯でさっとゆでる。
8 丸なすはひと口大に切り、170℃の油で素揚げにする。
9 ゆずこしょうあんのBを煮立て、水溶き片栗粉でとろみをつける。
10 器に⑥のしんじょ、⑦の葉ごぼうと⑧の丸なすを盛る。⑨のあんをかけ、白髪ねぎと黒七味をあしらう。

c

a

d

b

花わさびと山うどの三宝柑ジュレ

シャンパングラスに閉じ込めた宝石箱のようなジュレは、「なず菜」のスペシャリテです。季節の野菜や果物をゼリーとともにグラスに入れ、長いスプーンで混ぜていただきます。やわらかい、かたい、うす甘い、苦い、酸っぱいなどいろいろな感覚、違った食感を味わってみてください。三宝柑はむきやすくて甘すぎず、料理によく使います。甘夏など、ほかの柑橘類でもおいしくできますよ。

■材料(2人分)

- 花わさび …… ⅓束
- 三宝柑(または甘夏) …… 1個
- 山うど …… 10cm
- 長いも …… 20g
- 紅大根 …… ⅒個
- そら豆 …… 8〜10粒

<甘酢>

- 酢 …… 125mℓ
- 水 …… 250mℓ
- 砂糖 …… 90g
- 塩 …… 10g
- 昆布 …… 5cm角

<花わさびの漬け汁>

- かつおだし …… 120mℓ
- みりん …… 40mℓ
- 薄口しょうゆ …… 20mℓ

<三宝柑ジュレ>

- A
  - 酢 …… 50mℓ
  - 砂糖 …… 大さじ2
  - 薄口しょうゆ …… 小さじ1
  - だし汁 …… 150mℓ
- 板ゼラチン …… 1.5g×5 ⅓枚
- 三宝柑(または甘夏など)果汁 …… 50mℓ

■作り方

1 花わさびは、密閉容器に入れ、70℃の湯をかぶる程度に注ぎ、落としぶたをして1分蒸らす。一度湯を捨てふたをし、その容器を上下左右に強くふる。再度70℃の湯を注ぎ、同じように3回繰り返して1時間ほど放置すると、辛い香味がでる。長さ2cmに切り、漬け汁に3〜4時間漬ける。

2 三宝柑は皮をむいて薄皮から実をはずし、種を取って粗くほぐす。このときにでた果汁50mℓは③でジュレに使う。

3 三宝柑ジュレを作る。まず、板ゼラチンは1枚ずつはがして氷水にひたし、やわらかくしておく。鍋に三宝柑ジュレのAを入れて一度煮立て、火から下ろし、水気をきった板ゼラチンと三宝柑果汁をよく混ぜる。バットに流し入れ、冷蔵庫で冷やし固める。

4 甘酢の材料を鍋に合わせて火にかけ、砂糖を溶かし、冷ます。

5 山うどは皮をむき、水にさらして2cm大の乱切りにし、④の甘酢を適量加え、つけておく。

6 長いもは皮をむいて水にさらし、包丁で細かくたたき④をからめる。

7 紅大根は厚さ2mmのいちょう切りにし、④の甘酢につけておく。

8 そら豆は薄皮をむき、熱湯でさっとゆでる。

9 シャンパングラスに、マッシャーで細かく砕いたジュレ(a)を入れ、長いも、三宝柑(b)、そら豆、うど(c)、紅大根、再度ジュレ(d)の順に盛り込み、いちばん上に三宝柑の果実と花わさびをあしらう。

一夜干しイカとふだん草の葛うどんパスタ大徳寺納豆風味

葛うどんはつるっとした食感の奈良のおいしいうどん。

それをパスタに使うのが定番です。

肉厚の一夜干しイカは、淡泊ながら味が凝縮していて、生よりも、エビや豚よりもこのパスタには合うと思います。

■材料(2人分)

葛うどん(または稲庭うどん) …… 50g
一夜干しイカ …… ½枚
ふだん草 …… ¼束
大徳寺納豆 …… 大さじ1
にんにくの細切り …… 1かけ分
EXVオリーブオイル・黒こしょう …… 各適量

<パスタソース>

薄口しょうゆ …… 小さじ2
EXVオリーブオイル …… 小さじ2
にんにくのすりおろし …… 小さじ¼
赤唐辛子の小口切り …… 適量

■作り方

1 一夜干しイカは、薄皮をはがし、1.5㎝幅の短冊切りに。ふだん草は洗って半分に切る。
2 大徳寺納豆は粗みじん切りにしておく。
3 パスタソースの材料を合わせておく。
4 たっぷりの熱湯で葛うどんを2分30秒ゆで、冷水にとり、ザルに上げて水気をきる。
5 温めたフライパンにオリーブオイルとにんにくを入れ、香りと色がついたら、中火でイカを炒め、さらにふだん草を炒める。葛うどんを加えて②の大徳寺納豆をからめ、③のパスタソースで味をととのえ、火を止める。
6 器に盛り、黒こしょうをふる。

つくし・椿の花びら・ゆきのしたの揚げもの

3月のころの季節の愛らしさを、姿かたちもそのままに。おいしい、というよりは、季節を楽しむ料理です。椿はヤブツバキを使います。うちでは、近くのお寺でいただいてるんですよ。

■材料（2人分）

つくし	適量
椿の花びら	4～6枚
ゆきのした	4枚
小麦粉（打ち粉用）・揚げ油	各適量
すだち	1個
<緑茶塩>	
緑茶・塩	各適量
<衣>	
小麦粉	45g
片栗粉	15g
冷水	100～110mℓ

■作り方

1 つくしはハカマを取り除き、椿の花びら、ゆきのしたとそれぞれ水洗いをして水気を取る。
2 ボウルに衣の材料を入れ、よく混ぜる。
3 ①にそれぞれ軽く打ち粉をまぶし、衣をつけて170～180℃の油で揚げる。
4 ③を器に盛る。
5 緑茶の葉をすり鉢ですり、塩を合わせて緑茶塩を作り、すだちを添える。

春野菜の蒸し寿司

女性のお客さまに大人気。
盛りつけも小さくひとりずつ、
エビや菜の花の色も愛らしく、
見た目も重視します。
たけのこの食感と
春の野菜の息吹が広がり
春の訪れに心がなごみます。

■材料(2人分)

ごはん……1合分
干ししいたけ……4～5枚
たけのこ(ゆでたもの)……50g
菜の花……4本
ふき……¼本
桜エビ(生)……20g
木の芽……適量

<すし飯の合わせ酢>

酢……大さじ2
砂糖……大さじ2強
塩……小さじ1弱

<しいたけの煮汁>

もどし汁……1カップ
A［濃口しょうゆ・砂糖・みりん……各大さじ2

<たけのこの煮汁>

B［かつおだし……120mℓ
　 薄口しょうゆ・みりん……各小さじ2

■作り方

1 すし飯を作る。炊きたてのごはんを飯切に移し、合わせ酢を回しかけて、ごはんを切るように混ぜ合わせる。
2 干ししいたけは、水につけてもどす。水気をきって5㎜角に切り、もどし汁とAを合わせた煮汁で煮つめる。
3 煮つめたしいたけの汁気をしっかりきり、①のすし飯と混ぜ合わせる。
4 たけのこは1㎝のさいの目に切り、Bで煮て味をつける。
5 菜の花は熱湯でゆで、さっと冷水にとり、水気をきる。
6 ふきは塩(分量外)でこするように板ずりしたあと、熱湯でゆでてさっと冷水にとり、皮をむいて1㎝の小口切りにする。
7 桜エビもさっとゆでておく。
8 1人用の器にすし飯を盛り、たけのこ、菜の花、ふき、桜エビを彩りよく飾り、湯気の立った蒸し器で4～5分蒸す。
9 器ごと受け皿にのせて木の芽をあしらう。

［お口直し］
塩桜のシャーベット

ほんのり桜の味がする
桜色のシャーベット。
さっぱりしているので、
お口直しにお出ししています。
毎年、吉野山の八重桜を
塩漬けにしていますが、
おうちの八重桜を漬けてみてください。

■材料(2人分)

桜の塩漬け……………………70ｇ
りんごジュース100%………240mℓ
桜リキュール……………大さじ2
ガムシロップ(市販)…………60mℓ

■作り方

1 桜の塩漬けは20〜30分水につけて塩抜きする。
2 材料を全部合わせて一度凍らせる。
3 固まったら取り出して、包丁で切り分け、フードプロセッサーで攪拌する。なめらかになったら、再び冷凍庫に入れて固める。
4 スプーンですくって、器に盛りつける。

たけのこと春野菜の木の芽鍋

鍋汁に木の芽をたくさん刻んで入れた、この季節ならではの香り高い鍋。春に食べたいものをいろいろ入れます。春の訪れをそのまま感じます。

■材料(2人分)

たけのこ(ゆでたもの)…150g
せり・うるい …… 各½束
水菜 …… ¼束
こごみ …… 4本
わかめ …… 50g
よもぎ麩 …… 2切れ
(各½に切り、軽く網で焼く)
木の芽 …… ½パック
ポン酢 …… 適量

<木の芽鍋汁>

かつおだし …… 3カップ
薄口しょうゆ … 小さじ2
塩 …… 小さじ⅓

■作り方

1 たけのこは、長さ7～8㎝の薄切りにする。
2 せり、うるい、水菜は長さ4～5㎝に切る。
3 こごみ、わかめはさっと熱湯に通して冷水にとり、わかめは長さ5～6㎝に切る。
4 木の芽は、あしらい用に4～5枝とり、残りを粗く刻んでおく。
5 具を器に盛りつけ、木の芽もあしらう。
6 鍋に鍋汁の材料を合わせて沸かし、④の刻んだ木の芽を散らす。ポン酢を添える。

［デザート］

自家製 うすいえんどうのみつ豆黒みつがけ

みつ豆といえば普通は赤えんどう豆ですが、春らしく、緑色のえんどう豆を使います。やさしい舌ざわりの白玉と寒天、自家製ならではのあっさりした黒みつがおいしいデザートです。

■材料（3～4人分）

うすいえんどう
（さやつきえんどう豆）……100g
A［水……1カップ
　［砂糖……100g

＜寒天液＞

水……2カップ
粉寒天……3g
砂糖……100g

＜白玉＞

白玉粉……50g
水……40～50mℓ

＜黒みつ＞

黒砂糖・ざらめ……各50g
水……50mℓ

■作り方

1 うすいえんどうは、さやから取り出し、塩少々入れた熱湯に入れ、沸騰させないように7～8分ゆで、ザルに上げる。
2 鍋にAを合わせて火にかけ、沸いてきたら、①のえんどう豆を加えて煮立つ直前に火から下ろし、鍋ごと冷水で冷やしながら味を含ませる。
3 寒天を作る。鍋に分量の水と粉寒天を入れて混ぜながら沸騰させて煮溶かし、砂糖を加え混ぜる。砂糖が溶けたら火から下ろし、流し缶に流し入れて冷やし固め、2cm角に切る。
4 白玉を作る。ボウルに白玉粉を入れ、分量の水を少しずつ練りながら加え、耳たぶぐらいのかたさに練る。2cm大に丸め、沸騰した湯でゆで、浮き上がったら冷水にとる。
5 黒みつを作る。鍋に材料を合わせて中火にかけ、かき混ぜながら煮溶かし、溶けたら弱火にして、とろみがつくまで煮つめる。
6 器に寒天、白玉、えんどう豆を盛り、黒みつをかける。

春の料理、いろいろ。

春だからこそ味わって
いただきたいお料理は
まだまだたくさんあります。
中には、関西圏にしか出回らない
野菜を使ったレシピも
あるかもしれませんが、
お近くで手に入るもので
代用なさってみてください。
春ならではの、やさしい味や
少し苦味のある味を生かした
さまざまな料理、デザート、
季節の保存食をご紹介します。

葉玉ねぎと揚げ麩の和スープ

関西では春になるとずらっと並ぶ葉玉ねぎ。
丸ごと使って淡泊なスープに仕立てます。
揚げた麩がほどよいアクセント。玉ねぎの葉と揚げごぼうをあしらって。

■材料(2人分)

葉玉ねぎ …… 2個
昆布だし …… 2½カップ
大和麩(麩) …… 1㎝幅2切れ
ごぼう …… 10㎝
片栗粉・揚げ油 …… 各適量
黒こしょう …… 適量

<スープ>

A
- 玉ねぎの煮汁 …… 2カップ
- 薄口しょうゆ・みりん …… 各大さじ2

水溶き片栗粉 …… 適量
(片栗粉1:水2)

■作り方

1 葉玉ねぎは皮をむき、青い部分は小口切りに。玉ねぎの部分は昆布だしでやわらかくなるまで煮る。
2 大和麩は水につけてもどし、しっかりと水気をきって片栗粉をまぶす。
3 ごぼうはピーラーで薄切りにして水にさらし、水気をきる。
4 ②の麩と③のごぼうをそれぞれ170℃の油で揚げる。
5 スープのAを合わせ、沸騰したら水溶き片栗粉を加えて薄めにとろみをつける。①の青い部分の小口切りを加え、すぐに火を止める。
6 器に④の大和麩を敷き、その上に①の玉ねぎをのせてスープを注ぎ、④のごぼうをあしらう。
7 好みで黒こしょうをふる。

アサリと春菜のくずスープ

春においしくなるアサリと、まさに春！ を感じる
数種類の春菜を合わせたやさしい味のスープ。
実山椒と塩昆布がアクセント。

■材料（2人分）

アサリ……6粒
わらび……4本
うるい・菜の花・せり……各¼束
実山椒……小さじ½
塩昆布（細切り）……適量
酒……大さじ2
かつおだし……1½カップ
塩……小さじ¼
薄口しょうゆ……少々
水溶き片栗粉……適量
（片栗粉1：水2）

■作り方

1 わらびはアクを抜いておく（P13参照）。
2 ①のわらび、うるい、菜の花、せりは、長さ3～4㎝に切る。
3 実山椒は、熱湯に通して水気をきり、粗く刻む。
4 砂抜きしたアサリは鍋に入れ、酒をふり入れて火にかけ酒蒸しにし、貝の口が開いたら取り出す。
5 ④の鍋にかつおだしを入れて沸かし、塩、薄口しょうゆで味をととのえ、水溶き片栗粉で薄くとろみをつけ、③の実山椒を加える。
6 器に②の春野菜と④のアサリを盛り、⑤の熱いスープあんを注ぎ入れて塩昆布の細切りをあしらう。

たけのことイカの自家製飛竜頭 木の芽あんかけ

たけのこもイカも大きめに切ってゴロンゴロンとした飛竜頭。
素材をしっかり味わいます。淡泊な素材を揚げて香ばしく、
しっかりした味のあんでいただきます。

■材料（4人・4個分）

木綿豆腐……1丁
イカ（すり身用）……80g
大和いも（する）……35g
A 薄口しょうゆ……小さじ1
A 砂糖……大さじ1強
ふき……½本
イカ・たけのこ……各30g
しいたけ……2枚
ごぼう……15㎝
うるい……½束
小麦粉（打ち粉用）・揚げ油……各適量
一味唐辛子……少々
<木の芽あん>
B かつおだし……350㎖
B 薄口しょうゆ・みりん……各大さじ2
木の芽……適量
水溶き片栗粉……適量
（片栗粉1：水2）

■作り方

1 木綿豆腐は、ふきんで包み、重しをして水気をきる。
2 すり身用のイカは、フードプロセッサーですり身にし、その中に①の豆腐、すりおろした大和いも、Aを加えて攪拌する。すり鉢で混ぜ合わせてもよい。
3 ふきは熱湯でさっとゆでて冷水にとり、皮をむく。
4 ふき、イカ、たけのこ、しいたけをそれぞれ8㎜角に切る。
5 ②を④と混ぜ合わせて4等分に丸める。
6 ⑤に軽く小麦粉で打ち粉をして170℃の油で揚げる。
7 ごぼうはピーラーで薄切りにして油で素揚げにする。
8 うるいはさっとゆでて冷水にとり、7～8㎝の長さに切る。
9 木の芽あんを作る。鍋にBを合わせて煮立て、粗くたたいた木の芽を加え、水溶き片栗粉でとろみをつける。
10 器に⑥の飛竜頭と⑧のうるいを盛り、木の芽あんをかけて、⑦のごぼうをあしらい、好みで一味唐辛子をふる。

春野菜のサラダ　もずくジュレがけ

試してみたら、その色合い、歯ごたえがぴったりきた、
もずく入りのジュレ。海のものと山のものが合わさった春の味を、
お皿の上で楽しんでください。

■材料(2人分)

わらび…………4本
うど…………15cm
水菜・せり…………各⅕束
うるい…………⅓パック
防風…………2本
たけのこ(ゆでたもの)…………20g
もずく…………大さじ2
三宝柑(または甘夏)ジュレ
(P16参照)…………適量
木の芽…………適量

<木の芽ドレッシング>

木の芽(刻む)…………大さじ1
サラダ油…………大さじ3
酢…………大さじ1
ゆずの絞り汁…………小さじ1
塩…………小さじ½
黒こしょう…………少々

■作り方

1 わらびはアクを抜いておく(P13参照)。
2 うどは皮をむいて、ピーラーで薄切りにし、水にさらしておく。
3 水菜、せり、うるいは根元を切り、長さ3～4cmに切る。防風はさっと洗い、それぞれ冷水に放って水気をきる。
4 たけのこは薄切り、わらびは3cmの長さに切る。
5 もずくは、さっと熱湯に通し、水にさらして水気をきり、適当な長さに切る。粗くつぶした三宝柑ジュレと混ぜ合わせて、もずくジュレを作る。
6 木の芽ドレッシングの材料を合わせておく。
7 器に、水気をしっかりきった野菜を盛る。⑤のもずく入りジュレを添え、木の芽を散らし、木の芽ドレッシングをかける。

そら豆と新しょうがのかき揚げ

そら豆のほっくり味と新しょうがのピリッと味。
反対の組み合わせが、逆にどちらの味も引き立てます。
奈良の大和茶を合わせた塩を添えますが、煎茶でOK。

■材料(4人・4個分)

そら豆 ………… 20～25粒
新しょうが ………… 30g
小麦粉(打ち粉用) … 少々
揚げ油 ……………… 適量

<大和茶塩>

大和茶(煎茶)・塩 … 各適量

<衣>

小麦粉 ……………… 45g
片栗粉 ……………… 15g
冷水 ………… 100～110mℓ

■作り方

1 そら豆は薄皮をむく。
2 新しょうがは、4～5cmの長さで少し太めのせん切りにする。
3 ボウルに①と②を入れ、打ち粉をして混ぜ合わせる。
4 衣を作り、③に適量からめて4等分にまとめ、180℃の油で揚げる。
5 大和茶葉をすりつぶし、塩を合わせた大和茶塩(煎茶塩)を添える。

春れんこんとせりのかき揚げ

れんこんを縦に切って食感を出し、出はじめのせりを
合わせてかき揚げに。こちらは乾燥梅をおろして合わせた
酸っぱい味の梅塩が合います。

■材料(4人・4個分)

春れんこん … 長さ4cm分
せり ………………… ⅓束
白ごま・桜エビ … 各大さじ1
小麦粉(打ち粉用) … 少々
揚げ油 ……………… 適量
すだち ……………… 1個

<梅塩>

乾燥梅・塩 ……… 各適量

<衣>

小麦粉 ……………… 45g
片栗粉 ……………… 15g
冷水 ………… 100～110mℓ

■作り方

1 れんこんは1cm角の拍子木切りにして水にさらす。
2 せりは長さ3～4cmに切る。
3 ボウルにれんこん、せり、白ごま、桜エビを入れ、打ち粉を加えて混ぜ合わせる。
4 衣を作り、③に適量からめて、4等分にまとめ、170℃の油で揚げる。
5 乾燥梅をすりおろして塩と合わせた梅塩を作り、すだちとともに添える。

文旦のシャーベット

毎年四国から届く文旦は、さっぱりさわやかで、
お口直しのシャーベットにぴったり。
初夏に向かう気持ちになります。

■材料(4人分)

文旦(丸ごと) …… 400g
レモン汁 …………… 少々
砂糖 ………………… 50g
チャービル(あれば)…適量

■作り方

1 文旦は皮をむいて実を取り出し、レモン汁を加え、砂糖をからめて一度凍らせる。
2 ①をフードプロセッサーにかけて、なめらかになるまで攪拌し、もう一度固める。
3 スプーンですくって、器に盛りつける。あればチャービルを添える。

和紅茶のしょうがゼリー ふきの甘煮添え

奈良の高原で作られている香り高い紅茶があるんです。
しょうがを煮だした紅茶にさらに新しょうがを加えて
作るのがポイント。しょうがの余韻がおいしい。

■材料(4人分)

<和紅茶のしょうがゼリー>

和紅茶の葉 ………… 10g
A ┌水 ………………… 700mℓ
　│しょうがの皮つき薄切り
　└…………………… 30g
砂糖 ………………… 55g
板ゼラチン … 1.5g×10枚
新しょうがの細切り … 10g

<ふきの甘煮>

ふき ………………… 1本
塩 …………………… 少々
砂糖・水
…各生のふきの半量の重さ分

<シロップ>

砂糖1:水1の分量を煮溶かし、冷ましたもの … 適量

■作り方

1 和紅茶を作る。Aを鍋で沸かし、火を止めて茶葉を加え、ふたをして5分蒸らし、茶こしでこす。
2 板ゼラチンは1枚ずつ氷水にひたし、やわらかくする。
3 ①の和紅茶500mℓ分と砂糖を鍋に入れて火にかける。砂糖が溶けたら火から下ろし、ゼラチンの水気をきって1枚ずつ加え、よく混ぜ溶かす。
4 粗熱を取り、新しょうがを混ぜ合わせ、ステンレス容器に流し入れて冷やし固める。
5 ふきは塩をまぶして板ずりし、熱湯でさっとゆでて冷水にとる。皮をむき、長さ4～5cmに切る。
6 鍋に、砂糖と水を煮立て、その中にふきを加え、3～4分煮てから煮汁ごと氷水の上で冷やす。
7 器に、④のゼリーを好みの大きさに切って盛り、⑥のふきの甘煮をのせてシロップを注ぐ。

[保存食]

新しょうがの甘酢漬け

新しょうがが出はじめると大量に漬けます。
翌日から食べられ、冷蔵庫で約1年保存可能。
お茶うけや酒のあてに、すしや肉のつけ合わせに。

■材料

新しょうが ………… 500g
<甘酢>
酢 ……………… 2カップ
砂糖 ………………… 180g
はちみつ ……… 大さじ2
塩 ……………… 小さじ⅔

■作り方

1 鍋に甘酢の材料を合わせて煮立て、冷ましておく。
2 新しょうがは繊維に沿って薄切りにし、熱湯でさっとゆで、ザルに広げて水気をきり、冷ます。
3 煮沸消毒した瓶に②の新しょうがを入れ、しょうがががかぶるまで甘酢を入れる。

[保存食]

実山椒の塩漬け

いろいろ使えて、作っておくととても重宝。
使うときは水につけて塩抜きします。

■材料

実山椒 ……………… 200g
粗塩(実山椒の30%)…60g
粗塩(最初の塩の⅓)…20g

■作り方

1 実山椒は小枝を除いて洗い、たっぷりの湯で5～6分ゆで、冷水にとる。
2 水気をしっかり取り、粗塩60gと混ぜ合わせる。
3 ビニール袋に入れて空気を抜き、重しをする。
4 2～3日して水が上がってきたら、ザルにとり、新たに粗塩20gを混ぜる。
5 煮沸消毒した瓶に入れて密封保存する(密封したほうが変色しない)。翌日から使え、冷蔵庫で約1年保存可能。

●使い方

野菜を刻んで実山椒の塩漬けと合わせて浅漬けにしたり、魚や肉を焼くときの調味料に。また1～2時間水につけて塩抜きした実山椒を、昆布やちりめんじゃこなどの佃煮を炊くときに使ったり、山椒の香りを楽しむ料理に使える。

春の朝ごはん

MENU

パン３種と季節のジャム

ヨーグルトと巣蜜

キウイ

グリーンアスパラガスのスープ

地元の焼き野菜とベーコン

・新玉ねぎ	・エリンギ
・みょうが	・そら豆
・れんこん	・三度豆
・ミディトマト	・オレンジ
・ブロックベーコン	・すだち
・海藻塩	・タイム

初々しい若葉色に包まれた春の朝は、軽やかでさわやかなスタイルの朝食が似合います。まるでピクニックに来ているような気分になれるように、窓の外を見ながら景色と調和するようなテーブルクロスや器を選んでいきます。この季節のコーディネートはいつもよりいっそう楽しくはかどります。春の朝はなんだかウキウキするのでしょうね。おもてなしするほうも……。

朝食のメニューは当たり前のことですが、「体が喜ぶバランスのよいもの」。果物は朝に摂ると、酵素がしっかり働いて代謝もよくなりますので、生のままでたっぷりいただきます。ヨーグルトには、ていねいに養蜂を続ける農園から送っていただく巣蜜を添えています。この巣蜜は少量でもかなり濃厚で香り高く、とにかく栄養満点。貴重なものなので、手に入らないときは、はちみつで代用します。

地元で採れた野菜はグリルに。こうすると甘味が増してホクホクになり、素材の味がより深く感じられます。それに、気に入ったパンと自家製のジャム、そして温かいスープを……。一つ一つはシンプルで、凝ったものはないけれど、朝の体に自然の恵みをいっぱい取り込める、充実の朝ごはんです。

朝日に包まれた森の柔らかな景色も朝食の一部。鳥のさえずりも心地よく、思わず食事の手を止めて声の主を探すことも。心も体もスッキリ目をさまし、気持ちのいい朝の始まりです。

グリーンアスパラガスのスープ

＜作り方＞

色鮮やかなスープです。
玉ねぎを炒め、アスパラガスと鶏ガラスープを加えて煮たあと、ミキサーで攪拌してこし、牛乳と生クリームを加えてのばして、塩、こしょうで味をととのえます。器に注ぎ、粗びき黒こしょうをふり、ゆずの花をあしらって。

地元の焼き野菜とベーコン

＜作り方＞

朝にうれしい野菜たっぷりのプレート。新玉ねぎはクシ形に、エリンギとみょうがは縦半分に切り、そら豆はさやから出しておきます。れんこん、三度豆、ミディトマト、ブラッドオレンジとともに、網の上で焦がさないように焼きます。網で焼いたそら豆はさやに戻し、さらに200℃のオーブンで２分焼きます。ベーコンは１㎝角の拍子木切りにし、フライパンで炒めます。器に盛り、半分に切ったすだち、海藻塩、タイムを添えて。

春の野菜

強い香りや苦味やくせのある早春の山菜から、春ならではのやわらかさと甘味のある野菜まで、春の野菜の魅力は多彩です。
「なず菜」では、出始めの春の野菜をたっぷりと使い、うれしい季節を存分に楽しんでいただこうと、その生命力と持ち味を生かした料理を皆でわくわくしながら考えています。

1 皮がやわらかく、実がしまっているので、蜜煮にしたり、香りを生かすすり流しに。大阪の伝統野菜。
2 春を感じる代表的な山菜。アク抜きをすると鮮やかな緑になり、煮物やサラダのトッピングにも。
3 裏の竹林でとれるたけのこは、すぐにアク抜きをするのでやわらかく、えぐみも少ない。煮たり、焼いたりはもちろん、すり流しにしてもおいしい。
4 根は本わさびとしてすって添えますが、花のほうも同じように香りと辛味があります。おひたしやしょうゆ漬けにしたり、天ぷらにしたり。
5 奈良で昔からとれるそら豆をこう呼びます。豆の香り、緑の色、食感を生かすために、ゆですぎ、焼きすぎに注意して。揚げたり、スープにしても。
6 玉ねぎの部分も葉の部分も、やわらかく甘みがあるので、葉玉ねぎ全体を煮たり焼いたりします。昆布だしかコンソメで炊くだけでもとてもおいしい。
7 オオバギボウシの若葉。くせがなく、生でも、火を加えても、シャキシャキの歯ごたえが楽しめます。軽いぬめりも特徴。さわやかな若葉色が春らしい。

8 渓流や湧き水で育ち、セイヨウワサビと区別して、本わさびとも呼びます。春の清流を思い浮かべ、香りやまろやかな口当たり、独特な辛味を楽しみます。
9 採れたてのうどは、本当にみずみずしくアクも少ないので、皮をむいてそのまま食べると、歯ごたえもあり最高です。皮はきんぴらやかき揚げなどに。
10 冬ものよりみずみずしくやわらかいので、サラダに最適。さっとゆでたり、蒸したり、焼いたり。
11 奈良の佐保川沿いに生えているつくし。ハカマを一つ一つ取るのが手間ですが、春を感じるように、少しだけでも、おひたしや天ぷらなどにします。
12 あえる、揚げる、炒める、蒸す、また椀ものにも。あらゆる料理に使えて春を感じさせる貴重な食材。色や歯ごたえを残すには、花と茎は別々にゆでて。
13 普通のせりよりも、香りや歯ごたえが強いのが田ぜり。おひたしや香味野菜として使って、シャキシャキ感と香りを生かすように料理します。
14 春の柑橘といえば三宝柑が浮かびます。春らしい、さわやかな香りを楽しむ料理によく使います。

私の好きな春の奈良

あちこちから花の便りも聞こえてきて、気持ちのよい季節。
世界遺産や国宝などが近くにいくつも集まる奈良は、うららかな春の日に、
のんびり散策するにはちょうどよいのです。

春日大社の藤

DATA
JR、近鉄奈良駅から、奈良交通バス「春日大社本殿行」10～15分、「春日大社本殿」下車、すぐ。近鉄奈良駅から徒歩25分。世界遺産「古都奈良の文化財」の一つ。奈良市春日野町160

春日大社には「砂ずりの藤」と呼ばれる見事な藤棚があります。名前のとおり藤の穂先が地面にすりそうなほど伸びる様子は圧巻で、朱塗りの社殿にとても美しく対比し、独特の美しさを放っています。同じころ、社殿の後方には野生の藤も美しく咲きます。一つ一つの花がくっきりと見える「砂ずりの藤」と比べ、こちらは全体でまとまって、淡く優しい色を見せてくれます。一つの場所で、まったく違った藤の美しさを楽しめるのも、この場所ならでは、なのです。

滝坂の道の夕日観音

DATA
JR、近鉄奈良駅よりタクシーで5～10分で滝坂の道（柳生街道）の入り口へ。坂を上ると次々と石仏に出会える。約30分で夕日観音、さらに10分で朝日観音。春日山石窟仏までさらに60分

滝坂の道はその昔、柳生の里から牛の背中に米や薪などを載せて奈良の町に運んだ山道です。道沿いには谷川が流れ、ハイキングコースになっており、秋には紅葉も楽しめます。数多く点在する石仏を巡るのもこの道の楽しみの一つ。途中、道から40～50m先の岩壁には、西日が差すと夕日観音が浮かんで見えます。薄暗い森の中で夕日に美しく照らされたその姿に、家路を急ぐ人々はどんなにか励まされ、元気づけられたことだろうと思います。

奈良公園

DATA
奈良市街の東方を占め、興福寺、東大寺、春日大社、国立博物館と一体となり、さらに若草山から春日山原始林まで総面積約502ヘクタールの広大な公園。ＪＲ、近鉄奈良駅より徒歩圏

502ヘクタールの広さを誇る奈良公園。公園内には東大寺や興福寺など、多くの国宝や世界遺産が点在しています。そして、公園周辺には、１２００頭もいるといわれる神の使いである鹿があちこちで群れをなしています。「ちょうだい、ちょうだい」とお行儀よく頭をさげる姿は、なんとも愛らしい光景です。木々や池に囲まれた、散歩にも最適な公園で、私はここに来るといつも、垣根のない奈良ののびやかさとおおらかさを感じるのです。

吉野山

DATA
近鉄名古屋駅、京都駅、奈良駅、大阪阿倍野橋駅より橿原神宮前→吉野線吉野下車。近鉄奈良駅から約90分。桜の時期はマイカーの乗り入れ規制あり。吉野山観光協会のＨＰ参照

平安期より今に至るまで、日本有数の桜の名所として知られる吉野山では、春には約3万5千本ともいわれる山桜が山々を覆いつくします。山のかなり上のほうまで桜の木が生えていて、下千本、中千本、上千本、奥千本と順々に咲き始めていくので、その分長く桜を楽しむことができるのも、吉野山の特徴です。また、吉野を最も愛した西行法師が隠棲した「西行庵」にも足を運んでみてはいかがでしょうか。

山の辺の道

DATA
山裾の曲がりくねった古道で全長約35㎞。南部に史跡が残り、よく歩かれるのは、天理市の石上神宮から桜井市の大神神社付近までの約15㎞。大神神社はＪＲ桜井線三輪駅より徒歩５分

山の辺の道は、山そのものが神様である三輪山への参詣の道であり、最も古い官道です。道端に野の花が可憐に咲き、遠くには奈良盆地を囲む、なだらかな美しい山並み……また、途中いくつもの古墳や伝説に出てくる旧跡にも出会うことができます。古代の人々が万葉の歌を詠みながら歩いたといわれている山の辺の道。ゆったりと流れる歴史を優しく見守り続けるこの道の懐の深さを思わずにはいられません。

秋篠の森の夏

大きなクヌギの木が蒼々しい葉を身につけ、秋篠の森の中は鬱蒼とした緑の空間に包まれます。森に佇むと視界は緑一色になり、強い日差しも葉の隙間から届くので、暑さも少し和らぐようです。

いろいろな種類の果樹を植えていますが、春に咲いた花の、次の楽しみが始まるのもこの時期です。夏の初めに葉っぱの陰に小さな葡萄の房を見つけた時には、「ああ、今年も実をつけてくれた」という喜びが湧いてきます。そして、少しずつ大きくなっていくその房の成長を、日々愛おしく思いながら見守っています。木立の間を歩かれるお客さまにもその喜びを感じていただきたくて、小道にはそこここにいろいろなベリーの木を植えています。珍しい白苺、連なった緑色のグーズベリー、赤と黄色のラズベリー、黒い実のブラックベリー……。

熟成した実はどんどん摘んでいき、お酒に漬けたり、砂糖漬けにしたり、はたまた煮詰めてジャムにしたり。見るだけでなく、食としても楽しんでいただいている、夏の贈り物です。

夏

森の木が大きく見え、緑が鬱蒼と濃くなる夏。窓辺の山葡萄もたわわに実り、日差しの強さが、部屋の中からもうかがえます。奈良の暑い暑い夏、ホテルは、すっきり涼やかな印象で、お客さまをお迎えします。

数種類の葡萄の葉が窓辺を覆い、まるで木陰にいるような心地よさ。葡萄はコンポートにしたりジャムにして、大切に味わいます。右上の睡蓮は、ついこの間まで、白い美しい花を咲かせていました。シマシマの小さな赤い実は琉球スズメウリ。緑から黄、オレンジ、真っ赤へと変化します。窓辺には、どの季節も、そのとき森で拾った実を並べています。花ゆずも実をつけました。まだ青いゆずは、夏の料理に大活躍します

ホテル「ノワ・ラスール」は、季節によって部屋の印象を変えています。夏は、すぐに涼しさを感じていただけるよう、ブルーや麻色などの、ひんやりした色に部屋を整えます。窓からは外のまぶしい緑が見え、好対照。麻のカーテンの前には、森で採れた青りんごを。部屋着も風通しのいいものに。森で摘んだ花や緑のツルを生け、ロビーの椅子に座って天窓を見上げると、小さな窓からも、強い緑の季節をはっきりと感じます

夏の料理

奈良は盆地ゆえ、夏は本当に暑いのです。そんな暑さから逃れるかのように、この森を訪ね、レストランで召し上がっていただくお客さまに、心から涼やかな気持ちになっていただきたく、メニューを考えるときにもそのことばかりを優先しているように思います。

味はもちろん、見た目も感触も涼やかに、素材に力のある夏の野菜や果物を最大限に生かせるよう、そして、さらにおいしく召し上がっていただけるようにと願い、ああしたりこうしたり、いろんな調理法で試してみます。そうした試行錯誤を繰り返して、夏ならではのひと皿に仕上げていきます。器も同様、ひんやりとした印象の銀釉やガラス器などを選んだり、横には、「秋篠の森」の裏の竹林の笹や蒼々しいモミジを添えたり、より涼やかさを感じていただけるような演出も大切にしています。

窓の外には山葡萄の鉢をいくつか置いています。窓の上からはたわわに実ったその房が垂れ下がり、緑の葉が伸びやかに窓辺をつたっています。まるで、緑の葡萄畑の中で食事をしているかのような気分を楽しんでいただけるかもしれません。

［夏のある日のお食事］

完熟丸ごとトマトのサラダ仕立て

スープ2種
　とうもろこしのすり流し
　じゅんさいのとろろ汁

冬瓜そうめん青ゆず風味　じゅんさい添え

なす、オクラ、みょうがのごまだれ冷製葛うどんパスタ

揚げもの5種
　にがうりと紫玉ねぎのかき揚げ
　水なすの変わり揚げ
　梅干しの天ぷら
　タコときゅうりの甘酢揚げ
　しまうりのしんじょ揚げ

お口直し　青じそのシャーベット

ごはん　自家製じゃこ煮添え

みそ汁

香のもの

杏仁豆腐

完熟 丸ごとトマトのサラダ仕立て

甘くておいしいトマトが手に入ったら、
トマトの種を取って、つけ汁に30分。
甘酸っぱくマリネすることで、
そのまま食べるよりずっと、
トマトの甘さが引き立ちます。
丸ごとという、見た目のかわいらしさも
テーブルの上でのサプライズ。

■材料(2人分)

完熟トマト(中)	2個
玉ねぎ(小)	¼個
黄パプリカ	⅛個
きゅうり	¼本
黒こしょう	少々
チャービル	適量
<柑橘ドレッシング>	
甘夏(またははっさく)果汁	1カップ
みかんジュース(100%)	½カップ
レモン汁	大さじ3
サラダ油	2カップ
酢	大さじ2
薄口しょうゆ	大さじ1
塩	小さじ1
練りがらし	小さじ2
黒こしょう	少々

■作り方

1 トマトは熱湯にさっと通して冷水にとり、皮をむく。芯をくりぬき、中の種をきれいに取り除く。底の部分に、食べやすいよう十文字に切り込みを入れる。
2 玉ねぎ、黄パプリカ、きゅうりはみじん切りにして水にさらす。
3 柑橘ドレッシングを作る。ボウルに材料を全部合わせ、泡立て器で混ぜ合わせる。
4 ③に、水をきった②の野菜を加えてマリネドレッシングを作り、その中に①のトマトを30分つけ込む。
5 皿にトマトを置き、マリネドレッシングをかけて黒こしょうをふり、チャービルを添える。

スープ2種

夏の素材と色が目に飛び込み、
涼やかな気持ちに
なっていただくためのひと品。
甘いとうもろこしのやさしい味に、
なんとひげ根を揚げて
香ばしさをプラスしたすり流しと、
夏のつるんとした食感どうしを合わせた
とろろとじゅんさいの汁です。

じゅんさいのとろろ汁

■材料（2人分）

じゅんさい………適量
大和いも（皮をむく）………100g
かつおだし……1カップ
麦みそ………25g
わさびのすりおろし…適量

■作り方

1 じゅんさいは、熱湯でさっとゆでて冷水にとる。
2 かつおだしを沸かし、麦みそを溶きのばして冷やしておく。
3 とろろ汁を作る。大和いもをすりおろして②のみそ地を混ぜ合わせる。
4 グラスに③のとろろ汁を注ぎ、じゅんさいを入れて、わさびを少しあしらう。

とうもろこしのすり流し

■材料（2～3人分）

とうもろこしの実…400g
玉ねぎ（薄切り）……50g
バター………小さじ2
水……………2½カップ
塩………………少々
とうもろこしのひげ根…適量
小麦粉（打ち粉用）…少々
揚げ油…………適量

■作り方

1 鍋にバターを入れて溶かし、玉ねぎの薄切りを焦がさないように炒める。しんなりしたら、とうもろこしと水を加え、沸騰してきたら火を弱めて15～20分煮る。
2 ①の粗熱を取り、ミキサーにかけて、ザルでこし、塩で味をととのえる。そのあと、冷蔵庫で冷やしておく。
3 とうもろこしのひげ根は、長さ4～5㎝に切ってさばき、軽く打ち粉をして170℃の油で揚げる。
4 グラスに②のとうもろこしのすり流しを注ぎ、③のひげ根をあしらう。

冬瓜そうめん 青ゆず風味 じゅんさい添え

冬瓜をそうめんのように細長く切ることで、シャキシャキした食感を味わう、新感覚の一品です。夏の青いゆずの清涼感と、旬の生のじゅんさいのみずみずしさを冷たいあんでまとめます。

■材料(2人分)

冬瓜 …………… 20㎝の長さを¼個分
じゅんさい …………… 50g
みょうが …………… 1個
生わさび …………… 2～3㎝
青ゆず …………… ½個

<薄くずだれ>

A
- かつおだし …………… 160mℓ
- 薄口しょうゆ・みりん …………… 各小さじ2

水溶き片栗粉 …………… 適量
(片栗粉1：水2)

■作り方

1 冬瓜は皮をむき、種をワタごと取り除く。そのままの長さで厚さ5㎜の薄切りにし、さらに5㎜幅の長い細切りにして、さっと熱湯でゆでて氷水にとる。
2 じゅんさいは、軽く熱湯に通して冷水にとり、水気をきっておく。
3 みょうがは、縦半分にして細切りにし、さっと水にさらす。
4 生わさびは、2～3㎝の極細切りにする。
5 鍋に、薄くずだれのAを合わせ、火にかけて沸かす。水溶き片栗粉少量を、かき混ぜながら加えて薄くとろみをつける。
6 鍋ごと氷水につけて冷たくする。
7 器に冬瓜とじゅんさいを盛り、薄くずだれを流し入れる。みょうがとわさびを添え、青ゆずのしぼり汁を少しかける。青ゆずの皮をすりおろし、あしらう。

なす、オクラ、みょうがの ごまだれ冷製葛うどんパスタ

夏ならではの冷製パスタも葛うどんで作ります。
コチュジャンをきかせた、
ピリリと濃厚なごまだれが夏らしく、
カラッと揚げたなすやオクラ、みょうがなどの
夏の野菜と、とてもよく合うんです。
うどんの冷たくてつるつるした食感とともに、
三位一体のおいしさを味わってください。

■材料（2人分）

葛うどん（または稲庭うどん）……50g
なす……5㎝
オクラ……1本
みょうが……½個
青じそ……5枚
揚げ油……適量
白ごま……少々
一味唐辛子……適量

＜薄衣＞
小麦粉……大さじ4
水……大さじ4½

＜ごまだれ＞
練りごま……50g
砂糖……大さじ¾
コチュジャン……大さじ½
だし汁……170㎖
酢……大さじ1½
薄口しょうゆ……大さじ3
すりごま……大さじ1

■作り方

1 なすは、縦6等分に切り、オクラは縦半分、みょうがは厚さ5㎜の薄切りにして、それぞれ薄衣をつけ、170℃の油で揚げる。
2 青じそは細切りにして、さっと水にさらし、水気をきっておく。
3 ごまだれを作る(a)。まずボウルに練りごま、砂糖、コチュジャンを入れる。練りごまが分離しやすいので、だし汁を少量ずつ加えて泡立て器で溶きのばしていき、酢、薄口しょうゆ、すりごまも合わせる。
4 たっぷりの熱湯で葛うどんを約3分ゆでて(b)、冷水にとり流水でもみ洗いし(c)、氷水にさっとつけて麺をしめる(d)。
5 水気をしっかりときった麺をボウルに入れ、③のごまだれを少量からめて皿に盛る。①のなす、オクラ、みょうがを添えて②の青じそをあしらい、ごまだれをかけ、白ごまと一味唐辛子を軽く散らす。

c

a

d

b

揚げもの5種

揚げもの大好きな私としては、揚げものへの
興味と追求は果てしないものがあります。
試しても試しても生まれてくるそのおもしろさ！
素材と衣の調和はもとより、
「こんなものも揚げものになるの！」という
お客さまの声が、とてもうれしい。
おほめのことばだと思っています。
どれもとてもおいしいので、
ぜひぜひ試してみてください。
煎茶をすって合わせた煎茶塩と
すだちでどうぞ。

にがうりと紫玉ねぎのかき揚げ

水なすの変わり揚げ

梅干しの天ぷら

タコときゅうりの甘酢揚げ

しまうりのしんじょ揚げ

にがうりと紫玉ねぎのかき揚げ

近ごろおなじみになったにがうり。いろいろなふうに使ってみていますが、苦さが苦手な方もいらっしゃいます。揚げると甘味がでるのでは？ と色もきれいな紫玉ねぎと合わせてかき揚げにしたら、相性抜群。苦味も和らげてくれました。

■材料（4個分）

にがうり …………………… ¼本
（横半分に切り、さらに縦半分に切る）
紫玉ねぎ …………………… ¼個
三つ葉 …………………… ¼束
桜エビ …………………… 10g
白ごま …………………… 大さじ1
小麦粉（打ち粉用） …………… 適量
衣A・揚げ油 …………… 各適量

■作り方

1 にがうりは、スプーンで種とワタをきれいに取り除き、厚さ5㎜に切る。
2 紫玉ねぎも厚さ5㎜の薄切りにし、三つ葉は長さ3～4㎝に切る。
3 ボウルににがうり、紫玉ねぎ、三つ葉、桜エビ、白ごまを入れ、打ち粉を加えて混ぜ合わせる。衣Aを適量からめ(a)、ひと口大ずつにまとめ(b)、180℃の油で揚げる。

水なすの変わり揚げ

みずみずしくて、歯ごたえのよい水なすは、普通のなすより、揚げてもおいしいと感じます。まずパン粉揚げが合うと思い、さらに風味をプラスしては？ と今度は柿の種を衣にしてみたら、風味も食感も広がって大正解！

■材料（6～8個分）

水なす …………………… 1個
柿の種 …………………… 100g
小麦粉（打ち粉用） …………… 適量
衣A・揚げ油 …………… 各適量

■作り方

1 水なすは、ヘタを取り、縦に6～8等分する。
2 柿の種はビニール袋に入れ、麺棒などを使って粗くたたいて、すり鉢に移し、細かくすりつぶす。または、フードプロセッサーを使って細かく砕く（衣C参照）。
3 水なすに打ち粉をし、実の部分のみに衣Aをつける(a)。さらに②の柿の種をまぶしつけ(b)、170℃の油で揚げる。

梅干しの天ぷら

旅行したときに、店のおばちゃんが梅干しを揚げてくれて驚き、おいしくて二度驚き…。うちで試した結果、必ず塩は抜く、そして、酸っぱい梅干しより、少し甘めのほうがおいしくできるという結論に。ぜひ、試してみて！

■材料（2個分）

梅干し（大） …………………… 2個
小麦粉（打ち粉用） …………… 適量
衣A・揚げ油 …………… 各適量

■作り方

1 梅干しは、水に30～40分つけて塩抜きする(a)。
2 梅干しに打ち粉をし(b)、衣Aをつけて170℃の油で揚げる。

タコときゅうりの甘酢揚げ

まかないで、
タコときゅうりの酢のものを
揚げてみたら、おいしかったこと！
お気に入りの串揚げ屋さんでは、
パン粉で揚げたあと、甘酢に漬けて
いて、なるほどと納得。
意外と思われるでしょうが、
すごくおいしいんですよ。

■材料（4本分）

タコの足（ゆでたもの） ……… 1本
きゅうり ……………………… ½本
衣B・揚げ油 ……………… 各適量
＜甘酢＞
酢 ………………………… ½カップ
砂糖 ……………………………… 50g
塩 ………………………………… 少々
※銀杏串または竹串を4本用意する。

■作り方

1 タコときゅうりは、2～3㎝の大きさのぶつ切りにする。
2 銀杏串にタコ、きゅうり、タコと刺していく。
3 甘酢の材料を合わせ、温めて砂糖を溶かしておく。
4 衣Bの材料を用意し、②に小麦粉、溶き卵、細かくしたパン粉の順に衣をつけて170℃の油できつね色に揚げ、甘酢にさっとつけ込む。

しまうりのしんじょ揚げ

しまうりは季節のものですが、
普通はお漬けものにするくらい。
なんとか料理したくて、
淡泊なしまうりにエビしんじょを
合わせてみたら、歯ごたえの違いと
味の調和が、なんともおいしい
揚げものになりました。

b

a

■材料（4切れ分）

無頭エビ ………………………… 100g
しまうり ……………………… ¼個
（1個を横半分に切り、さらに縦半分に切る）
しょうがのみじん切り … 大さじ½
塩 ………………………………… 少々
小麦粉（打ち粉用） …………… 適量
衣A・揚げ油 ……………… 各適量

■作り方

1 エビしんじょを作る。エビは殻をむいて、包丁で粗くたたき、しょうがと塩を加えて混ぜ合わせる。
2 しまうりは、種を取り除き、そのくぼみの部分に打ち粉をふり、①のエビしんじょを詰め込み（a）、約2㎝幅に4つに切る（b）。
3 ②に打ち粉をして、衣Aをつけ、170℃の油で揚げる。

衣の作り方と揚げ方

＜衣A（天ぷらの衣）＞

小麦粉 ………………………… 45g
片栗粉 ………………………… 15g
冷水 ………………… 100～110mℓ
（ビールまたは炭酸水を少量混ぜてもよい）

1 材料を泡立て器でよく混ぜる（a）。
2 具に小麦粉（打ち粉）をまぶし、衣Aをつけて揚げる。

a

＜衣B（カツの衣）＞

小麦粉・溶き卵・パン粉 … 各適量

1 パン粉はフードプロセッサーかすり鉢で、できるだけ細かくする（a）。
2 具に小麦粉、溶き卵、パン粉の順につけて揚げる。

a

＜衣C（変わり衣）＞

柿の種（せんべい） …………… 適量
衣A ……………………………… 適量

1 柿の種はビニール袋に入れ、麺棒などを使って粗くたたく（a）。
2 すり鉢に移し、細かくすりつぶす。または、フードプロセッサーを使って細かく砕く（b）。
3 具に小麦粉（打ち粉）をまぶし、衣Aをつけ、さらに②の柿の種をまぶしつけて揚げる。

b

a

［お口直し］

青じそのシャーベット

ほんのり青じその味のするシャーベット。
青じそはいつも添えものですが、
青じそ酒を作ったら、
あまりのおいしさにびっくりし、
次はシャーベットにもしてみよう、と。
市販のしそリキュールで風味づけしますが、
自家製ならなお、おいしい！

■材料（4人分）

水……360mℓ
グラニュー糖……60g
青じそ……20枚
しそリキュール……大さじ1⅓
白ワイン……大さじ2
レモン汁……小さじ2
ガムシロップ（市販）……大さじ4

■作り方

1 鍋に水とグラニュー糖を入れて火にかけ、砂糖が溶けたら火からはずして冷ましておく。
2 青じそは粗く刻み、①とそのほかの材料も全部合わせて一度凍らせる。
3 固まったら取り出して、包丁で切り分け、フードプロセッサーで撹拌する。なめらかになったら、また冷蔵庫に入れて固める。
4 スプーンですくって、器に盛る。

［デザート］

杏仁豆腐

そもそも私が大好きな杏仁豆腐。ふるふるで、とてもミルキーな絶品のデザートです。うす甘い喜びとでもいいましょうか。このままでもおいしいですが、キウイ、桃、いちごなどフルーツがとてもよく合います。

■材料（4人分）

牛乳	2カップ
グラニュー糖	30g
板ゼラチン	1.5g×5枚
生クリーム	½カップ
アーモンドエッセンス	少々
キウイ	適量
豆苗	4本
<シロップ>	
砂糖・水	各大さじ5
ブランデー	小さじ½

■作り方

1 板ゼラチンを氷水にひたしてもどす。
2 鍋に牛乳とグラニュー糖を入れて火にかけ、砂糖が溶けたら火から下ろす。
3 水気をきった板ゼラチンを加えて溶かし、生クリーム、アーモンドエッセンスを加え混ぜる。
4 粗熱が取れたら型に流し入れ、冷蔵庫で冷やし固める。
5 シロップを作る。小鍋に水と砂糖を入れて煮つめ、冷めてからブランデーを加える。
6 器に④の杏仁豆腐を適量盛り入れて、シロップを好みの量かけ、キウイと豆苗を飾る。

夏の料理、いろいろ。

素材に力があり、種類も豊富な
夏の野菜や果物を使ったレシピは、
数えきれないくらいたくさんありますが、
おすすめをいくつかご紹介します。
ちょっと珍しいものもあり、
おもてなしのときにお出しすると
喜ばれるかもしれませんよ。

トマトのしずく

透明な液体なのに、なんともまったりと、
トマトの滋味深い味がする冷たいスープです。
塩、こしょうのみですが芯のある味。
トマトの量にもよりますが、店ではひと晩かけてこします。

■材料(2人分)

トマト(大)
… 2～3個(400～500g)
ミニトマト ………… 2個
チャービル ………… 適量
塩・黒こしょう … 各少々

■作り方

1 トマト(大)とミニトマトは、熱湯に通し、すぐに氷水にとって皮をむく。
2 湯むきしたトマト(大)をミキサーで攪拌する。
3 ザルにガーゼを2重に敷き、攪拌したトマトをゆっくりとこす。
4 こした透明のトマト汁を、軽く塩で味つけする。
5 グラスにトマト汁を注ぎ、ミニトマトを入れて黒こしょうをふり、チャービルをあしらう。

帆立といちじくのパン粉揚げ

淡泊な帆立貝と旬のいちじく。一瞬、妙な組み合わせと思われたでしょう? ところが、えもいわれぬおいしさがあるんです。和風タルタルが合いますが、とんぶりはなくてもOK。

■材料(2人分)

いちじく …………… 1個
帆立貝の貝柱 ……… 2個
塩・こしょう …… 各少々
小麦粉(打ち粉用) … 適量
揚げ油 ……………… 適量
ベビーリーフ ……… 適量

<衣>

小麦粉・溶き卵・パン粉 …………………… 各適量

<和風タルタルソース>

玉ねぎのみじん切り … 40g
しょうがのみじん切り ………………… 小さじ1
実山椒の佃煮のみじん切り ………………… 小さじ1
あさつきの小口切り ………………… 小さじ1
とんぶり ……… 大さじ1
マヨネーズ ………… 50g
粒マスタード … 小さじ½
オイスターソース ………………… 大さじ⅔
薄口しょうゆ … 小さじ⅔

■作り方

1 いちじくは皮をむき、4等分の輪切りに、帆立貝は横に半分に切る。
2 帆立貝に軽く塩、こしょうをふり、内側に打ち粉をしていちじくを挟む。
3 小麦粉、溶き卵、パン粉の順に衣をつけて180℃の油で揚げ、縦半分に切る。
4 和風タルタルソースの材料を全部合わせておく。
5 器に③を盛り、和風タルタルソースをかけて、ベビーリーフを添える。

青なすとタコの柑橘冷製葛うどんパスタ

やわらかいタコと揚げなす、青じその冷たいパスタ。

さっぱりとしてほんのり甘味のある柑橘とゆずこしょうを合わせたドレッシングが、夏の素材ととてもよく合います。

■材料(2～3人分)

葛うどん(または稲庭うどん)	80g
青なす	1本
タコの足(ゆでたもの)	½本
あさつき	⅕束
青じそ	5枚
揚げ油	適量
白ごま	適量
すだち(薄い輪切り)	½個分

<ゆずこしょうドレッシング>

柑橘ドレッシング(P41参照。または市販のものでも)	1カップ
ゆずこしょう	小さじ⅓
すだちのしぼり汁	½個分

■作り方

1 青なすは丸のまま170℃の油で揚げ、冷水にさっととって皮をむく。縦に4等分、さらに長さ4～5㎝に切る。
2 タコは薄切り、あさつきは長さ4㎝に切り、青じそは手でちぎる。
3 ゆずこしょうドレッシングを作る。ゆずこしょうを柑橘ドレッシングで溶きのばし、すだちのしぼり汁を加えて混ぜ合わせる。
4 鍋にたっぷりの湯を沸かし、葛うどんを3分ゆでて冷水にとり、流水でもみ洗いし、氷水にさっとつけて麺をしめ、しっかりと水気をきる。
5 ボウルに、ゆでた麺、①の青なす、②のタコ、あさつき、青じそを入れ、ゆずこしょうドレッシングであえる。
6 皿に盛り、白ごまをふって、すだちを添える。

にがうりのシャーベット

にがうり? とんでもない! と思われたでしょう?
にがうりの苦味は砂糖の甘味と相性がよく、
冷たさの中で融合して、とてもおいしいんですよ。

■材料(4人分)

にがうり……………40g
水……………420mℓ
砂糖……………80g
レモン汁………大さじ1
りんごジュース(100%)……………大さじ3⅓

■作り方

1 鍋に水と砂糖を入れて火にかけ、砂糖が溶けたら火からはずして冷ましておく。
2 にがうりは、中ワタをきれいに取って薄切りにし、20〜30分水にさらす。
3 材料を全部合わせて一度凍らせる。
4 固まったら取り出して包丁で切り分け、フードプロセッサーで攪拌する。なめらかになったら、また冷蔵庫に入れ固める。
5 スプーンですくって、器に盛る。

巨峰のコンポート

巨峰、山ぶどうと、植えたぶどうがたわわに実ります。
でも、そんなに量は採れませんので、
大切にコンポートにしたり、果実酒にして楽しみます。

■材料(4人分)

巨峰(種なし・皮つきの実)……………450g
グラニュー糖………225g
レモン汁………大さじ1
水……………½カップ

■作り方

1 鍋に材料を全部合わせて火にかけ、煮立ってきたら中火にし、よく混ぜる。
2 巨峰の皮がむけ、煮汁が紫色に色づいてきたら一度ザルでボウルにこし、皮を除く。
3 煮汁と実を鍋に戻し、弱火で5分ほど煮て、そのまま冷ます。

ジャム3種

トマトとは意外でしょう。ジャムでもやはりバジルと合うんです。桃は誰もが好きなやさしい味。すだちは皮を使った青い味のマーマレード。素材を生かした好評なジャムです。

トマトとバジルのジャム

■材料

トマト……400g
てんさいグラニュー糖……100g
塩……4g
バジル……4〜5枚
オリーブオイル・レモン汁……各小さじ1½

■作り方

1 トマトは熱湯にさっと通して冷水にとり、皮をむいて、ヘタを取る。トマトの½量はミキサーにかけ、残り½量は2㎝角に切る。
2 鍋に①のトマト全部と、てんさいグラニュー糖、塩を入れて火にかけ、混ぜる。沸騰したら中火にしてアクをていねいに取りながら⅔まで煮つめ、手で細かくちぎったバジルとオリーブオイル、レモン汁も加えてさらに⅓程度まで煮つめる。

桃のジャム

■材料

桃……300g
グラニュー糖……120g
レモン汁……小さじ2

■作り方

1 桃は洗って皮をむき、種を除いて2㎝角に刻み、皮はとっておく。
2 小鍋に桃の皮を入れ、ひたひたの水を加えて火にかける。煮汁が薄ピンク色に色づいてきたらザルで別鍋にこし、皮は除く。
3 ②の煮汁に①の桃、グラニュー糖、レモン汁を混ぜ合わせ、30分おく。
4 鍋を火にかけ、沸騰したらアクを取り、中火でかき混ぜながら⅔まで煮つめる。果肉に透明感がでてやわらかくなり、とろみがでてきたら完成。

すだちのマーマレード

■材料

すだち……30〜35個
てんさいグラニュー糖……125g
水……大さじ1⅔

■作り方

1 すだちはヘタを取り、ていねいに洗う。皮を白い部分が残らないように薄くむき、せん切りにする。
2 苦味を取るために軽くゆがいて水にさらす。
3 ②の作業を3〜4回繰り返す。
4 果肉の部分は、½カップ分の汁をしぼる。
5 鍋にてんさいグラニュー糖、水、③のすだちの皮、④のすだちのしぼり汁を入れて火にかける。絶えずかき混ぜながら、とろみがでる程度に煮つめる。

[保存食]

晩柑酢

晩柑、夏みかん、はっさくなどで作る甘酢漬け。
夏は果実ごと、さっぱりとしたソーダ割りがおすすめ。
水やお湯で割ってもおいしいですよ。
早ければ3〜4日、1週間たてば
おいしくいただけます。

■材料(2人分)

河内晩柑(または夏みかん、甘夏、はっさくなど)……3個

A
- 白ワインビネガー……2½カップ
- グラニュー糖……250g
- 氷砂糖……250g
- レモン汁……大さじ2⅓

B
- クローブ……4〜5本
- シナモンスティック……1本

ディル……1本

■作り方

1 鍋に湯を沸かし、沸騰したら、晩柑を約10秒くぐらせて氷水にとり、水気をしっかりふき取る。

2 ①の晩柑を皮ごと適当な大きさに切り、煮沸消毒した瓶に入れる。

3 Aの調味液とBのスパイスをすべて鍋に入れて火にかける。沸騰したら弱火にし、氷砂糖が溶けたら火から下ろして、熱いまま②の瓶に注ぎ入れる。

4 ③が冷めてからディルを加える。

夏の野菜

夏の野菜は元気で勢いがありますね。最近は、珍しい洋風の野菜も多く見かけます。その半面、昔からその土地で作っていた地場野菜を受け継いだり、復活させようとする農家の方々もいらっしゃいます。奈良ではそんな野菜を『大和伝統野菜』『大和こだわり野菜』と指定しています。「なず菜」でも、できる限り奈良産の食材や野菜を使って、お出ししています。

ズッキーニ 2

花みょうが（大和伝統野菜） 4

半白きゅうり（大和こだわり野菜） 3

じゅんさい 5

水なす
青なす 1

バターナッツかぼちゃ
宿儺《すくな》かぼちゃ 6

1 奈良の水なすは、大阪泉州産に劣らず水分が多く、実がしっかりして甘味もあります。ぬか漬けや揚げもの、サラダなどに。青なすは皮が厚くてかたいのですが、果肉はやわらかく甘味があり、油に一度通して皮をむくと、きれいな薄緑色になります。
2 採れたてはみずみずしく実がしまっており、薄切りをマリネに。油と合い、炒めものや揚げものにも。
3 半分白く、半分緑で、イボは黒系。皮も実もしっかりしているので、生食や炒めものや揚げものにも。
4 奈良の山間地で栽培される艶やかなみょうが。独特の香りと歯ごたえで、薬味や揚げもの、炒めものに。甘酢に漬けると鮮やかな赤ピンク色に。
5 毎年秋田から届きます。さっとゆでると淡い緑色になり、プリプリとした歯ごたえと独特のつるっとした食感。酢のもの、あえもの、汁や鍋ものに。
6 ひょうたん型のバターナッツは中央アフリカ原産。宿儺は高山市の特産品。ともに皮が薄くて扱いやすく、甘味が強くホクホクしているかぼちゃなので、煮もののほか、揚げもの、スープ、つけ合わせにも。

とうもろこし 7

金糸うり 10

なた豆 12

にがうり 8

フルーツトマト 11

紫とうがらし（大和伝統野菜） 13

しまうり 9

甘唐辛子 14

7 採れたてがおいしい。実がしまって、濃い甘味のあるものを、スープ、揚げもの、炊き込みごはんに。
8 夏バテを防いでくれる野菜。独特の苦味は、甘味のある野菜や果実、調味料などと組み合わせ、いろいろな料理に使います。シャーベットや佃煮も人気。
9 古くから大和盆地で受け継がれてきた、うりのひとつ。甘味がなく、実がしっかりして風味があるので、漬けもの、煮もの、炒めもの、揚げものにも。
10 切ってゆでると、実がそうめんのようにバラバラにほどける別名そうめんかぼちゃ。シャキシャキ感を生かしたい酢のもの、おひたし、サラダなどに。
11 親しい農家で栽培された「朱雀姫」。実がしっかりして糖度が高いので、熱を加えないで味わいたい。
12 小さく、やわらかいときに収穫してもらいます。揚げものや炒めものにも。サヤは 30 ~ 50cmに生長。
13 全体が紫色で、熱を加えると緑に変わります。辛味はほとんどなく、炒めものに。完熟すると赤色に。
14 辛味も苦味もなく、しし唐よりもやわらかく長い。炒めたり揚げたりして、つけ合わせに使います。

(右)ウエディングの日のテーブルは、いつもと違って真っ白のクロスとナプキン、白い器でお祝い
(左)ブーケは、希望をうかがってお作りします。季節の実や緑の葉など、森の中で映えるように

緑の中のウエディング

秋篠の森を始めたころ、ウエディングというのは考えていませんでした。ある日、若いお二人が「ここでウエディングをやりたいのです」と来てくださいました。そのお申し出に、こちらはそのように施設を整えていないのでお受けできない、という旨をお伝え

森の中のウエディングは、お二人ならではのアイディアで、さまざまな思い出を作ります。型どおりではないパーティを希望される方がたに、とても喜んでいただいています

したのですが、お二人が「どうしてもここで挙げたいのです」と熱い想いを伝えてくださったことに胸を打たれ、初めてお受けすることになりました。

当然、スタッフも準備など慣れていないわけですから大変でした。ところが、式が無事終わり、スタッフ全員で新郎新婦をお見送りしたあと、私たちは、なんとも言えない幸福感に包まれていたのです。

お二人にとって人生最大の日、大切な一日に立ち会え、お手伝いさせていただいたことで、私たちにもその幸せを分けていただけるのだということを身をもって知りました。

新郎新婦からも感激の言葉をいただき、これからもここでしかできない、森の中のウエディングをお受けしよう、そういう気持ちになりました。

あれから8年、いったいどれほどの新郎新婦の幸せな一日を見届けたことでしょう。そして人の喜びを分けていただける、こんなうれしい仕事、本当にありがたいと思っています。これからも、ここで結婚式を挙げてよかったと心から思っていただけたら、本当に幸せなことだと思います。

私の好きな夏の奈良

自然と寄り添う古都・奈良。緑に包まれる夏には、
その雄大さをよりいっそう体感することができます。
山にいだかれる古刹を訪ねると、心が洗われ、活力が湧いてきます。

なら燈花会《とうかえ》

DATA
8月5〜14日。浮雲園地、浮見堂、興福寺、春日野園地、猿沢池、国立博物館前、東大寺(13、14日)など数箇所で。春日大社中元万燈籠は14、15日。東大寺万灯供養会は15日。どれも19時から

真夏の10日間、夜の奈良公園は全体が無数のろうそくに灯りがともされ、幻想の世界に包まれます。昼間の見慣れた風景とはまったく異なる表情に、14年前、初めて見たときには驚きと感動で胸がいっぱいになったのを覚えています。年々人も多くなりましたが、誰もがどこか懐かしさを感じる不思議な魅力は変わらず、暑い夜、うちわであおぎながらのそぞろ歩きは、今ではすっかり古都奈良の夏の風物詩となりました。

ささやきの小径

DATA
JR、近鉄奈良駅からバスで「春日大社本殿」下車、徒歩2分。近鉄奈良駅から徒歩30分。原生林には馬酔木が多く2〜4月には花が咲く。10分ほどで、道を抜けると、志賀直哉の旧居がある

春日大社を訪れたなら、ぜひささやきの小径を歩いてみてください。春日大社参道の二之鳥居から高畑のほうに抜ける小径は、両側を原生林に囲まれたひっそりとした静かな一本道で、もともとは高畑に住んでいた春日大社の神官が「出勤」するときに通られていた禰宜《ねぎ》道《みち》だそうです。昼でも薄暗く、途中に何があるわけでもないのですが、黙々とただ歩くだけで自分自身と向き合うことができるのです。木々は苔に覆われ、葉や枝からは清浄な気さえ感じます。

秋篠寺

DATA
近鉄京都線平城駅下車、徒歩15分。または近鉄大和西大寺駅下車、徒歩20分。バスは、奈良交通バス「押熊行」6分「秋篠寺」下車、徒歩3分。奈良時代最後の官寺。奈良市秋篠町757

「秋篠の森」からもほど近い秋篠寺。門をくぐり、少し歩くと木々に囲まれた一面の苔庭が広がっています。深い緑や明るい緑、その濃淡は、立つ位置によっても微妙に違って見え、ずっと眺めていたいほどです。また、本堂の屋根勾配は、まるで鳥が羽を広げているかのような優美な形です。そして、諸技・諸芸の守護神として有名な伎藝天立像。慈愛に満ちた穏やかな表情で佇まれるその美しい姿は、会いに来るたびに優しく迎えてくださいます。

石上神宮

DATA
近鉄 天理線、JR桜井線 天理駅下車、徒歩約30分。またはタクシーで約10分。バスは、天理駅より奈良交通バス「苣原行」約7分「石上神宮前」下車、徒歩5分。天理市布留町384

山の辺の道のスタートにする人も多い石上《いそのかみ》神宮もまた、大神神社と並んで日本最古の神社の一つです。こぢんまりとしていますが、厳しく崇高な鋭いご神気を持つ神社ともいわれ、境内には厳かな独特の空気が漂います。天然記念物に指定されている、東天紅という尾の長い美しい神鶏が境内を歩き回る姿も、ほかではあまり見ることができません。また境内の脇には鏡池と呼ばれる池があり、水面に映る緑がいっそう美しく、夏の暑さを忘れさせてくれます。

宇陀の里

DATA
宇陀市大宇陀に見所が点在。近鉄大阪線「榛原駅」下車。重要伝統的建造物群保存地区の松山地区や「森野旧薬園」へは、奈良交通バス「大宇陀行き」約18分「大宇陀」下車、徒歩5分

奈良県の北東部に位置する宇陀《うだ》は、かつて薬問屋の町として栄えた町です。中でも松山地区は当時の町家や寺社など200軒ほどが保存され、美しい家並みを残しています。一画にある「森野旧薬園」は江戸時代に作られた薬草園で、病を治すために栽培・研究されてきたたくさんの植物を見学することができます。敷地内の高台に上がれば宇陀の町が一望でき、連なる屋根を眺めていると、昔の人々の暮らしぶりが目に浮かぶようです。

色彩の秋

頬をなでる風に秋の訪れを感じるころ、ふと空を見上げると薄くやさしい雲が天高く広がっています。夏にはあんなに青々としていた森の木々も少しずつ色づきはじめ、一枚一枚の葉が「さあこれからが本番」とばかりに自分の色が変わるのを待っているようです。そんな木々を眺めていると、まもなくやってくる紅葉の季節への期待はますます大きく膨らみます。

そして、朝晩の気温がグッと下がり、厚手の洋服を用意するころになると、森は赤や黄色、橙色、濃い色や柔らかい色など、まさに色とりどり。櫟《クヌギ》、白樺、桑、山桜、ジューンベリー、モミジ……、「いかが？　私たち、すごーくいい色になったでしょ？」。どの木も冬を迎える前の一年に一度しかない大切な一瞬を見てもらうために一生懸命です。冷たい風が吹くたびにヒラヒラと舞い降りていく木の葉が庭一面に敷き詰められて、秋篠の森の中は、まるで錦繍《きんしゅう》のように美しく、目を奪われます。大きくなって色づいた柚子やアケビ、柿の実もうれしいアクセントになり、木の葉を踏みしめながらゆっくり歩いていると、豊かな気持ちになるのも、この季節の醍醐味です。

秋

実りの秋、紅葉の秋。いながらにして
豊かさを感じられる秋は、
森がいちばん華やかな季節です。
赤や黄色に輝く昼間の高揚とは
対照的に、夕暮れは早く、
部屋の中は静かでゆるやかな
時間が過ぎていきます。

ほとんどが落葉樹の森は、赤、オレンジ、黄色の濃淡に変わり、夏の濃い緑の森とは、まるで別の場所のよう。自然にまかせた大木にからまる葉の紅葉も驚くほどの美しさです。こんなダイナミックな自然の贈り物をあちこちで堪能できるのも、秋ならでは。窓辺では葡萄の葉も色づいて輝きます。ギャラリー横の蔵の軒に小さな干し柿をつるし、黄色に色づいた花ゆずをムベのツルとともにモダンな花器に挿すと、それはもう一枚の絵に

建物によって違う表情になる紅葉。蔵のそばでは和そのもの。雑木林は、日本のような、外国のような雰囲気に。窓辺の実も、どの季節よりも種類が豊富。カリン、芽が出たハヤトウリなど、大から小へと並べます。落ち葉や、熟れたムラサキアケビの色のきれいなこと！　感動したものはすぐにそっと並べたり、飾ったり。毎日の発見をお客さまにさりげなく見ていただくのもおもてなしする側の喜びなのです。玄関も黄葉でお出迎え

秋の料理

〝天高く馬肥ゆる秋〟本当にそのとおりです。季節が変わるたび、この季節はこの食材をこう味わってみたい、と感じることをカタチにしていくのですが、秋の豊かな食材を前にするとこれをこんなふうに食べたい……というメニューが、どんどん頭をよぎります。

食の楽しみはいろいろな角度に潜んでいます。私たちが住む日本という国は、単に豊富な食材があるというだけではなく、まさに五感に響く滋味豊かな食の宝庫ではないかと思います。

季節が変わると、西へ東へと生産者を訪ね、いろいろな地に出かけます。自慢のなすを作っている人、無農薬でていねいに洋梨を育てている人、広大なるわが大和の誇りであるネブカの畑、見事な黄カリフラワーを作っている人など……。

こうして畑や果樹園を訪ね、作り手ご本人とお話をしていると、本当にたくさんの生産者さんに支えられていることを心からありがたく思います。作り手から私たちのもとに届き、料理に形を変え、お客さまに秋の恵みを存分に召し上がっていただく。誰もが豊かで幸せな気持ちになる……秋は特にそんなことを強く感じる季節でもあります。

［秋のある日のお食事］

焼きなすのスープ

海老と銀杏のえびいも包み
しょうがあんかけ

あぶり帆立とラ・フランスのりんご酢ジュレ

田舎こんにゃくと結崎ネブカの
古代米葛そばパスタ

あぶり大和牛と
クレソンのおひたしのひとくち寿司

タチウオの梅肉青じそはさみ揚げ

お口直し　和梨のシャーベット

イカのつみれと大和麩のゆず鍋

ごはん　自家製じゃこ煮添え

香のもの

大和茶あんみつ

焼きなすのスープ

なすが大好きな私。どんな料理でも好き！
秋、実がしまって、えぐみも少なく、
よりおいしくなったなすを、みそ風味の
ポタージュにしました。焼いたなすを添える
ことでさらにうまみと香ばしさをプラス。
このなすのスープは、夏の味ではなく、
秋らしいなすの生かし方だと思います。

■材料（2人分）

なす		3本
玉ねぎ		⅛個
昆布だし		2カップ
A	麦みそ	10g
A	塩・こしょう	各少々
揚げ油		適量

■作り方

1 なすは、1本のみ表面に数カ所、串で穴をあけて、金網の上でやわらかくなるまで焼き、さっと冷水にとって皮をむき、ひと口大に切っておく。
2 残り2本のなすはピーラーで皮をむく。皮は④で使うのでとっておく。実は厚さ1cmに切り、玉ねぎは薄切りにして鍋に入れ、昆布だしでやわらかくなるまで煮る。
3 ②の粗熱を取ってミキサーにかけ、鍋に戻して火にかけ、Aで味をととのえる。
4 ②のなすの皮は、1cm幅の細切りにして、180℃の油で素揚げする。
5 器に①の焼きなすを盛り、③の熱いスープを注ぎ、④の皮をあしらう。

海老と銀杏のえびいも包みしょうがあんかけ

エビのように反った形から名づけられたえびいも。きめが細かく、粘り気があるえびいもをつぶして、エビと銀杏を包み、揚げます。香ばしさとしょうがあんがよく合います。

■材料(2～3人分)

えびいも …………………… 2個
無頭エビ …………………… 4尾
銀杏 ………………………… 6個
冬瓜 ………………………… 1/10個
長ねぎ ……………………… 5cm
片栗粉・揚げ油 ………… 各適量

<えびいもの下地>

かつおだし ……………… 320mℓ
砂糖 ……………………… 大さじ2
薄口しょうゆ …………… 40mℓ

<しょうがあん>

A ┌ かつおだし ……………… 240mℓ
  └ みりん・薄口しょうゆ … 各20mℓ
水溶き片栗粉 ………… 大さじ2
(片栗粉1：水2)
しょうがのしぼり汁 ……小さじ2
しょうがのせん切り ………… 適量

■作り方

1 えびいもは、皮をむいて縦半分に切り、蒸し器でやわらかくなるまで蒸し、温めた下地の調味料の中に1～2時間ほどひたす。そのあと汁気を取り、粗くつぶす。
2 エビは殻をむき、1cmの小口切りにして、片栗粉をまぶす。銀杏は、殻を割って実を出し、それぞれ180℃の油で揚げる。揚げた銀杏は水にとり、渋皮をきれいにはがす。
3 ①のえびいもで、揚げたエビと銀杏を適量ずつひと口大に包む。片栗粉をまぶして180℃の油で揚げる。
4 冬瓜は薄切りにして軽くゆでる。
5 長ねぎは白髪ねぎに切り、170℃の油で素揚げにする。
6 鍋にしょうがあんのAを煮立て、水溶き片栗粉でとろみをつけ、しょうがのしぼり汁としょうがのせん切りを混ぜ合わせる。
7 器に③と④を盛り、⑥のあんをかけ、⑤をあしらう。

あぶり帆立とラ・フランスのりんご酢ジュレ

グラスの中に季節を盛り込むジュレ。
秋らしく、りんごの風味に包まれます。
洋梨やりんごの風味をじゃませず、
酢のものに合うのは、
帆立や、イカ、タコなど。
スプーンで、りんご酢のジュレを
混ぜながら、いろいろな味を楽しんで。

■材料(2・3人分)

帆立貝の貝柱……1個
洋梨(ラ・フランス)……¼個
きゅうり……¼本
黄にんじん……10cm長さを¼本分
セロリ……10cm長さを1本分
長いも……20g
紅玉(すりおろす)……大さじ2
ディル……少々

<りんご酢の甘酢>

りんご酢……1カップ
水……2カップ
砂糖……145g
塩……大さじ1

<りんご酢ジュレ>

りんご酢の甘酢……250mℓ
板ゼラチン……1.5g×5枚

■作り方

1 りんご酢の甘酢を作る。材料を鍋に入れて火にかけ、沸かさないように砂糖を煮溶かし、冷ましておく。

2 りんご酢ジュレを作る。板ゼラチンは1枚ずつはがして氷水(分量外)にひたし、やわらかくしておく。①の甘酢250mℓを温め、ゼラチンの水気をしっかりきって加え、混ぜ合わせて溶かす。これをバットに流し入れて、冷蔵庫で1時間以上おき、冷やし固める。

3 帆立貝は、4等分に切り、さっとゆでて、軽く金網であぶる。

4 きゅうりと皮をむいた洋梨は2cm大の乱切りに。黄にんじんとセロリは、スライサーで縦に薄切りに。

5 長いもは、皮をむいて水にさらしたあと、水気をきり、包丁で細かくたたく。

6 きゅうり、黄にんじん、セロリ、たたいた長いもは、それぞれ①の甘酢を適量加え、つけておく。

7 ②のりんご酢ジュレをマッシャーで細かく砕く。

8 グラスに、りんご酢ジュレ、たたいた長いも、洋梨、きゅうり、黄にんじん、セロリ、再度りんご酢ジュレの順に盛り込む。

9 すりおろした紅玉に甘酢をからめて⑧の上にかけ、③の帆立貝とディルをあしらう。

田舎こんにゃくと結崎ネブカの古代米葛そばパスタ

奈良の葛入りそばを使ったパスタ。
普通のそばでもOKです。
緑色は結崎《ゆうざき》ネブカ。
大和伝統野菜の青ねぎで、
やわらかくて甘みがあります。
ほのかなにんにく、唐辛子をからめ、
こんにゃくも合わせて、
大人の味の晩秋のひと皿。

■材料(2人分)

田舎こんにゃく …… ¼枚
結崎ネブカ
(または九条ねぎ) … ¼束
古代米葛そば
(またはそば)…………50g
黒七味 …………… 少々
にんにくの細切り … 少々
EXV オリーブオイル
…………………… 大さじ1

<こんにゃくの下味>

だし汁………………250mℓ
濃口しょうゆ ……… 25mℓ
砂糖 …………… 大さじ1

<パスタソース>

EXV オリーブオイル
…………………… 大さじ2
薄口しょうゆ … 大さじ2
にんにくのすりおろし
…………………… 小さじ½
赤唐辛子の小口切り…少々

■作り方

1 こんにゃくは2㎝角に切り、さっとゆでる。鍋に下味の調味料を合わせ、弱火で煮て下味をつける。
2 ねぎは、長さ4~5㎝に切る。
3 パスタソースの材料を合わせておく。
4 そばは、たっぷりの湯で3分前後、少しかためにゆでておく。
5 フライパンにオリーブオイルとにんにくの細切りを入れて弱火で香りをつけ、中火にして①と②を加えて軽く炒め、ゆでたそばも加えて、パスタソースを回しかけて手早くからめ、火を止める。
6 器に盛り、黒七味をふる。

あぶり大和牛とクレソンのおひたしのひとくち寿司

奈良が誇る大和牛をさっとあぶり、岩塩をちょっとつけて食べるひとくち寿司は、大人気！　すし飯ともよく合い、かむと甘くて、とてもおいしい。野菜寿司は、クレソンのほか、三つ葉、金糸瓜、水なすなどで。

■材料（2人分、1人各2個）

ごはん	米1合分
牛肉（7～8㎜の厚さ）	小4切れ
わさび・粗塩	各適量
クレソン	1束
すりごま	少々
しょうがのすりおろし	少々
すだち	1個
新しょうがの甘酢漬け（P29参照）	適量

＜合わせ酢＞

酢	大さじ2
砂糖	大さじ2強
塩	小さじ1

＜クレソンのひたし地＞

だし汁	160㎖
薄口しょうゆ・みりん	各20㎖

■作り方

1 合わせ酢の材料をよく混ぜて砂糖を溶かしておく。
2 ごはんを炊き、温かいうちに①の合わせ酢を混ぜ合わせてすし飯を作り、半量のすし飯でひと口大のにぎり飯を4個作る。
3 牛肉は金網であぶり焼きにし、わさびを塗ったにぎり飯の上にのせ、粗塩をふる。
4 クレソンは、さっとゆでて冷水にとり、ひたし地に1時間ぐらいひたし、汁気をしっかりきり、4～5㎝に切る。
5 ②のもう半量分のすし飯にすりごまを混ぜて、ひと口大に4個にぎり、④のクレソンをのせ、しょうがのすりおろしを少しあしらう。
6 器に盛り、すだち、新しょうがの甘酢漬けを添える。

タチウオの梅肉青じそはさみ揚げ

くせがなく淡泊な味わいのタチウオ。焼いてもおいしいですが、よく、揚げものに使います。青じそと梅肉との組み合わせは揚げた角のコクも加わり、絶妙の味。ほうじ茶塩で、サクッといただきます。

■材料(2人分)

タチウオ(3枚におろした身)	100g
青じそ	2枚
梅肉	小さじ2
しょうがのせん切り	適量
ミニ大根	2本
小麦粉(打ち粉用)・揚げ油	各適量
すだち	1個
ほうじ茶塩	適量
(ほうじ茶の葉をすり、塩と合わせる)	
<衣>	
小麦粉	45g
片栗粉	15g
冷水	100～110mℓ

■作り方

1 タチウオは、4等分に切り分け、身のほうに5mm間隔に切り込みを入れておく。青じそは縦半分に切っておく。

2 タチウオの身に軽く打ち粉をふり、青じそをのせ、梅肉を塗り、しょうがのせん切りをのせて半分に折り、衣をつけて180℃の油で揚げる。

3 ミニ大根は、実のほうだけに衣をつけて揚げる。

4 ②と③を器に盛り、半分に切ったすだちと、ほうじ茶塩を添える。

［お口直し］

和梨のシャーベット

日本に古くからある、
奈良の山から届く梨は
形も不揃いで、素朴です。
秋の山の様子と梨の素朴さを
伝えるために、皮ごと
フードプロセッサーにかけて
ほの甘いシャーベットに。

■材料（2～3人分）

和梨（梨）……………………200g
ガムシロップ（市販）……大さじ4
水…………………………大さじ2
白ワイン…………………大さじ1
レモン汁……………………少々

■作り方

1 和梨は、皮つきのまま小口切りにし、材料を全部合わせて一度凍らせる。
2 固まったら取り出して、包丁で切り分け、フードプロセッサーで攪拌する。なめらかになったら、また、冷凍庫に入れて固める。
3 スプーンですくって、器に盛る。

イカのつみれと大和麩のゆず鍋

毎年登場する人気の鍋です。イカのうまみを存分に味わえるよう、つみれはごろっとした食感。げんこつ形の麩にやわらかく味がしみていきます。

■材料（2人分）

モンゴウイカ	200g
卵	1個
長いも（すりおろす）	50g
しょうがのすりおろし・塩	各少々
大和まな（または小松菜）・水菜	各¼束
しいたけ	2枚
葛きり	20g
大和麩（げんこつ形の麩）	4切れ
ゆずの輪切り	½個分
ポン酢	適量
<鍋汁>	
かつおだし	3カップ
薄口しょうゆ	小さじ2
塩	小さじ⅓

■作り方

1 イカは、ザク切りにしてフードプロセッサーに入れ、卵、長いも、しょうが、塩少々を加え、イカが少し残るぐらいに粗めに攪拌して、つみれを作る。

2 大和まな（または小松菜）と水菜は長さ7〜8cmに切る。しいたけは軸を取る。

3 葛きりは、たっぷりの湯に入れて10分ゆで、氷水にとり、ザルに上げる。

4 麩は、水にひたしてもどし、水気を軽くしぼっておく。

5 ①〜④の具を器に盛り、ポン酢を添える。

6 土鍋に鍋汁を合わせて沸かし、ゆずの輪切りを浮かす。

［デザート］

大和茶あんみつ

食後にいただけるよう、あっさりした甘さの抹茶あんみつです。寒天との組み合わせにしましたが、白玉でもおいしい。仕上げに煎茶を砕いて散らします。

■材料（2～3人分）

あずきあん……適量
大和茶の葉（または煎茶）……適量

＜寒天＞

水……2½カップ
粉寒天……4g
砂糖……135g

＜抹茶シロップ＞

抹茶……15g
砂糖……50g
湯……50mℓ
牛乳……375mℓ

■作り方

1 寒天を作る。鍋に分量の水と粉寒天を入れ、かき混ぜながら2～3分沸騰させて、砂糖を加え、砂糖が溶けたら火から下ろす。流し缶に流し入れて約30分～1時間冷やし固め、2cm角に切る。

2 抹茶シロップは、抹茶と砂糖を湯でよく混ぜ溶かし、牛乳を入れ、混ぜる。

3 器に寒天とあずきあんを盛り、抹茶シロップをたっぷり注ぎ、大和茶の葉（煎茶）を砕いて散らす。

■自家製あんこの作り方

たっぷりの水にあずき1カップを入れ、沸いたらゆでこぼす。もう一度たっぷりの水を入れ、あずきがやわらかくなるまでアクを取りながら煮る。やわらかくなったら氷砂糖100gを3回に分けて入れて、常にかき混ぜながら弱火でゆっくり煮る。

秋の料理、いろいろ。

ほんわか温かさが欲しくなる秋。素材が豊富なので、材料からインスピレーションがわいてきます。

黄カリフラワーのスープ

黄カリフラワーの黄色が秋を思わせるまったりとしたスープ。
洋風味ですが、最後に黒七味をふって、アクセントに。
スープの材料の野菜を添えるのも「なず菜」の特徴。

■材料(2人分)

黄カリフラワー …… 200g
玉ねぎ …… ⅛個
サラダ油 …… 大さじ½
鶏ガラスープ … 2½カップ
牛乳 …… 30～40㎖
塩・こしょう …… 各少々

<あしらい用>
黄カリフラワー …… 50g
あさつき …… 2本
揚げ油 …… 適量
黒七味 …… 適量

■作り方

1 黄カリフラワーは小房に切り分け、玉ねぎは薄切りにする。
2 鍋に油をひき、玉ねぎがしんなりするまで焦がさないように炒め、黄カリフラワーと鶏ガラスープを加えてやわらかくなるまで煮る。
3 粗熱を取り、ミキサーにかけて鍋に戻す。濃度をみながら牛乳を入れて加熱し、塩、こしょうで味をととのえる。
4 あしらい用の黄カリフラワーは小さめに切り分け、180℃の油で素揚げにする。あさつきは、1本を斜め半分に切る。
5 器に熱いスープを注ぎ、④をあしらい、黒七味をふる。

大和ねぎのすり流し 揚げつくねいも添え

大和ねぎは青い部分の多いねぎ。甘くて風味があり、
すり流しにしてもおいしい。山いものつくねといい相性。

■材料(2人分)

大和ねぎ(または九条ねぎ) …… 2～3本
長ねぎ …… 1本
玉ねぎ …… ⅙個
じゃがいも …… ¼個
昆布だし …… 2½カップ
ごはん …… 20g
サラダ油 …… 大さじ½
山いも(すりおろし) … 50g
塩・こしょう …… 各少々
揚げ油 …… 適量
ゆずの皮 …… 少々

■作り方

1 大和ねぎの青い部分の一部は、斜め細切りにして、180℃の油で素揚げにし、あしらいに使う。
2 大和ねぎと長ねぎは、1㎝幅の斜め切り、玉ねぎとじゃがいもは薄切りにする。
3 鍋にサラダ油をひき、②の野菜を軽く炒め、昆布だしとごはんを加えて、やわらかくなるまで煮る。粗熱を取り、ミキサーにかけて鍋に戻す。再び加熱し、塩、こしょうで味をととのえる。
4 すりおろした山いもに塩少々を加え、ひと口大をスプーンですくって180℃の揚げ油の中へ落とし、揚げる。
5 器に③の熱いスープを注ぎ、④の山いもの落とし揚げを入れ、①をあしらい、ゆずの皮をすって、ふる。

菊いもと押し麦のスープ

菊いもはあまりポピュラーではないけれど、よく使う根菜です。
いもとは思えない不思議な見た目と味に、
とりこになってしまいます。皮ごと調理します。

■材料(2人分)

菊いも ……………… 200g
(またはじゃがいも 200g
とごぼう 25g で代用)
玉ねぎ ……………… ⅛個
鶏ガラスープ… 2½カップ
牛乳 …………… ½カップ
塩・こしょう …… 各少々
粗挽き黒こしょう…… 適量

<あしらい用>

押し麦 ……………… 10g
菊いも ……………… 20g
揚げ油 ……………… 適量

■作り方

1 菊いもはきれいに洗って、皮つきのまま厚さ1㎝の薄切りに(じゃがいもで代用の場合は皮をむき、ごぼうはきれいに洗って厚さ1㎝の薄切りに)。玉ねぎも薄切りにし、ともに鍋に入れ、スープでやわらかくなるまで煮る。粗熱を取り、ミキサーにかける。
2 ①を鍋に戻し入れ、濃度をみながら牛乳を加えて加熱し、塩、こしょうで味をととのえる。
3 押し麦は、水に30分ひたして、火にかけてゆで、ザルに上げる。
4 あしらい用の菊いもは、薄く切って水にさらし、水気をきって180℃の油で素揚げし、菊いもチップスを作る。
5 器に熱いスープを注ぎ、③と④をあしらい、粗挽き黒こしょうをふる。

かぶと煎り玄米のスープ

かぶの淡泊な滋味深い味を生かした和風スープ。
煎り玄米の香ばしさと歯ごたえ、ひとふりした黒七味が、
やさしさの中に、それだけではないインパクトを与えます。

■材料(2人分)

かぶ ………………… 300g
玉ねぎ ……………… ⅛個
昆布だし ……… 2カップ
塩・こしょう …… 各少々
煎り玄米(市販) …… 10g

<あしらい用>

かぶ ………………… 50g
かぶの葉(内側の5~6㎝の葉)
……………………… 2枚
小麦粉・水(衣用) … 各大さじ2
揚げ油 ……………… 適量
黒七味 ……………… 適量

■作り方

1 かぶは、皮を厚くむいて厚さ2㎝に切り、玉ねぎは、薄切りにし、昆布だしとともに鍋に入れる。
2 かぶがやわらかくなるまで弱火で煮る。粗熱を取り、ミキサーにかける(かぶにより水分量が異なるので、少し汁を残してミキサーにかける)。
3 鍋に戻して加熱し、残しておいた汁で濃度調節をして塩、こしょうで味をととのえる。
4 煎り玄米は、たっぷりの水でやわらかくなるまでゆでる。
5 あしらい用のかぶを7~8㎜のさいの目切りにし、180℃の油で素揚げする。かぶの葉は、衣を溶き、薄くつけて180℃の油で揚げる。
6 器に③の熱いスープを注ぎ、④の玄米、⑤のかぶ、かぶの葉をあしらい、黒七味をふる。

煎り玄米のれんこんまんじゅう ゆずこしょうあんかけ

店では風味豊かな奈良の筒井れんこんで作ります。れんこんの素朴な味と、煎り玄米をまぶして揚げた香ばしさを、ゆずこしょうあんで引き締めます。

■材料(2～3個分)

れんこん …… 50gと350g
だんごの粉 ………… 30g
無頭エビ ……… 4～6尾
しいたけ …………… 2枚
大和まな(または小松菜)…¼束
煎り玄米(市販) …… 30g
塩・片栗粉・揚げ油 …………………… 各適量
ゆずの皮のせん切り…適量

<ゆずこしょうあん>

A
- かつおだし …… 240mℓ
- 薄口しょうゆ・みりん ……………… 各20mℓ
- ゆずこしょう…… 少々

水溶き片栗粉 … 約大さじ2
(片栗粉1:水2)

■作り方

1 煎り玄米は、たっぷりの水で、かためにゆでておく。
2 れんこんは50gは皮をむき、7～8㎜のさいの目切りにする。
3 れんこん350gは皮をむき、あしらい用にピーラーで縦長に4枚薄切りにし、あとは、全部すりおろす。
4 すりおろしたれんこんとだんごの粉に、塩少々を入れて混ぜ合わせる(だんごの粉は、れんこんの1割)。
5 さらに②のれんこんを加えて練り合わせ、バットに平らに広げて、蒸し器で約10分蒸す。
6 エビは、殻をむいて3～4等分の小口切りにし、片栗粉をまぶして、180℃の油で揚げる。しいたけは1㎝角に切る。
7 蒸したれんこんの生地に、⑥のエビ、しいたけを練り込み、ひと口大に丸める。
8 ①の煎り玄米をまわりにからめて、180℃の油で揚げる。
9 大和まなは塩をひとつまみ入れた湯でゆでて、冷水にとり、水気をきって3～4㎝に切る。
10 ③のピーラーで切ったれんこんは素揚げする。
11 ゆずこしょうあんの調味料Aを合わせて火にかけて沸かし、水溶き片栗粉を入れて混ぜる。
12 器に⑧のれんこんまんじゅう、⑨の大和まなを盛り、ゆずこしょうあんをかけ、⑩とゆずの皮のせん切りをあしらう。

えびいもの酒粕あんかけ

きめが細かくねっとりしているえびいもとねっとりした酒粕あん。このまろやかさの中に大根と黄にんじんの歯ごたえがまたおいしい。

■材料(2人分)

えびいも …………… 2個
大根………10㎝長さを½本分
黄にんじん…10㎝長さを¼本分
水菜 ………………… ¼束
片栗粉・揚げ油 … 各適量
一味唐辛子 ………… 適量

<えびいもの下味>

かつおだし ………… 320mℓ
薄口しょうゆ ……… 40mℓ
砂糖 ………………… 20g

<酒粕あん>

A
- かつおだし … 1カップ
- 麦みそ・酒粕 … 各18g

水溶き片栗粉 ……… 適量
(片栗粉1:水2)

■作り方

1 えびいもは皮をむき、ひと口大の乱切りにして鍋に入れ、下味の調味料を合わせる。煮くずれしやすいので、とろ火でやわらかくなるまで煮て、そのまま冷ます。
2 えびいもの汁気をきり、片栗粉をまぶして180℃の油で揚げる。
3 大根、黄にんじんは、スライサーで縦に薄切りにし、軽くゆでておく。水菜も塩少々(分量外)を入れた湯でゆでて冷水にとってしぼり、長さ4～5㎝に切る。
4 酒粕あんの材料Aを合わせて火にかけて沸かし、水溶き片栗粉を入れて混ぜる。
5 器に②のえびいも、③の大根、黄にんじん、水菜を盛り、酒粕あんをかけて一味唐辛子をふる。

豚のゆず角煮と蒸し野菜

角煮にかけたとろとろの濃いめのたれはうまみがあるので、
蒸し野菜も、角煮とともに一緒に召し上がってください。

■材料(2人分)

豚三枚肉(かたまり) ………… 300g
ねぎ・しょうがの薄切り … 各適量
おから ………………………… 20g
白菜・しいたけ・れんこん(1㎝幅)
……………………………… 各2枚
かぶ ………………………… ½個
黄カリフラワー ……………… 40g
ミニ青梗菜 ………………… 2株
二十日大根 ………………… 2本
水溶き片栗粉 ……………… 適量
(片栗粉1:水2)
ゆずの皮のせん切り ………… 適量
溶きがらし ………………… 適量

＜角煮用のたれ＞

濃口しょうゆ ……………… 75mℓ
水・酒・みりん …………… 各150mℓ
ゆずの皮のそぎ切り ……… ½個分

■作り方

1 鍋に、豚三枚肉、ねぎ、しょうが、おからを入れ、かぶるくらいの水を入れて火にかけ、ふたはせず1〜2時間弱火で、途中水(分量外)を足しながらゆでる。火を止めてそのまま冷ます。
2 冷めたら、静かにおからや余分な脂を洗い流し、ひと口大に切る。
3 深めのバットに角煮用のたれの材料を合わせて、②の豚肉を漬け込み、バットごとそのまま蒸し器で1〜2時間蒸す。
4 白菜、皮をむいて2等分にしたかぶ、れんこん、ひと口大に切り分けた黄カリフラワーを4〜5分蒸し、しいたけ、ミニ青梗菜、二十日大根を加え、さらに1〜2分ほど蒸す。
5 器に④の白菜を敷き、③の角煮と④の蒸し野菜を盛る。
6 ③のたれを鍋に入れて沸かし、水溶き片栗粉でとろみをつけて角煮にかけ、ゆずの皮のせん切りと溶きがらしをあしらう。

エビとアボカドのゆば巻き揚げ

エビとアボカドはよく合います。ゆばで包んで
揚げることで中のアボカドはねっとり、
ゆばはパリッ。しょうがアクセントです。

■材料(2人分)

無頭エビ……… 4～5尾
アボカド(縦切り)…… ½個
生ゆば……………… 1枚
焼きのり…………… 1枚
青じそ……………… 4枚
しょうがのせん切り… 20g
揚げ油……………… 適量
A ベビーリーフ・トレビス……… 各適量
　すだち…………… 1個

<薄衣>

小麦粉………… 大さじ4
水…………… 大さじ4½

■作り方

1 エビは殻をむいて1～2cm幅に切る。アボカドは種を取り、縦4等分に切る。生ゆばと焼きのりは、¼の大きさに切っておく。
2 生ゆばを広げて、その上に焼きのり、青じその順に重ね、アボカド、エビ、しょうがのせん切りをのせ、手前から包むように巻いていく。巻き終わりに薄衣をつけて、はがれないように留める。
3 ゆば巻き全体に薄衣をつけて、180℃の油で揚げる。
4 それぞれ斜め半分に切って盛りつけ、Aを添える。

長いもと大和きくなのかき揚げ

「大和伝統野菜」の大和きくなを使っていますが、
家庭では、春菊でOK。サクッとした食感にするため、
長いもは太めに切るのがコツ。

■材料(2人分)

長いも…………… 4cm分
大和きくな(春菊)… ½束
桜エビ…………… 10g
白ごま………… 大さじ1
小麦粉(打ち粉用)… 少々
揚げ油…………… 適量
すだち…………… 1個

<衣>

小麦粉…………… 45g
片栗粉…………… 15g
冷水………… 100～110mℓ

■作り方

1 長いもは1cm角の拍子木切りにして水にさらす。大和きくな(春菊)は洗って3～4cmに切る。
2 ボウルに長いも、大和きくな、桜エビ、白ごまを入れて混ぜ合わせ、打ち粉用小麦粉少々を混ぜ合わせる。
3 衣を作り、②に適量流してからめ、ひと口大ずつにまとめながら、180℃の油で揚げる。すだちを横半分に切って添える。

菊いもとエビのコロッケ

ほんとにおすすめ、思いがけないおいしさ！　ほんのりごぼうの
味がする菊いもは、食感も味も、エビととても合うんですよ。
しいたけを角切りにしたり、塩昆布をみじん切りにして入れても二重丸。

■材料（4個分）

菊いも……100g
（またはじゃがいも100g・ごぼう10gで代用）
無頭エビ……30g
塩・こしょう……各適量
小麦粉・揚げ油……各適量
すだち……1個
<衣>
小麦粉・溶き卵・パン粉…各適量

■作り方

1 菊いもは洗って皮つきのまま蒸してつぶす。じゃがいもで代用の場合は、蒸して皮をむいてつぶし、ごぼうはたわしでこすって洗い、蒸してから細かくたたき、混ぜる。
2 エビは、殻をむいて1㎝幅に切り、小麦粉をまぶして、170℃の油で揚げる。
3 ①の菊いもと②のエビを合わせて塩、こしょうで味をととのえ、ひと口大に丸める。
4 衣は、小麦粉、溶き卵、パン粉の順につけて180℃の油で揚げ、すだちを添える。

大和豚と地野菜のごま鍋

店では、滋味深い奈良の大和豚を使います。
ごまたっぷりの汁で、肉をしゃぶしゃぶします。
季節の野菜も、スライサーで薄く長く切って。

■材料(2人分)

豚肉(しゃぶしゃぶ用)……100g
大和きくな(春菊)……¼束
クレソン……1束
黄にんじん…10㎝長さを½本分
大根……10㎝長さを½本分
大和ふとねぎ(または長ねぎ)
(根のほうから)……½本
五穀餅……小4個
すだち……1個
ポン酢……適量

<ごま汁>

かつおだし……2½カップ
練りごま……5g
白ごま……25g
酒……25mℓ
薄口しょうゆ……35mℓ

■作り方

1 大和きくな(春菊)は長さ5～6㎝に切り、クレソンは茎の下部を1㎝ほど切り落とす。
2 黄にんじんと大根は、スライサーで1㎝幅に縦に薄く切り、水にさらす。
3 大和ふとねぎは長さ3～4㎝に切り、表面にさっと焼き目をつける。
4 皿に豚肉、野菜、五穀餅を盛りつける。
5 鍋にごま汁を合わせ、すだちとポン酢を添えて供す。

甘酒のシャーベット

甘酒がおいしいのだから絶対おいしいはず、と試したら大正解。やさしい味をレモンとしょうががしめます。おいしい甘酒で作ることがいちばん大事。

■材料(2〜3人分)

甘酒 ………………… 90mℓ
水 ………………… 70mℓ
しょうが汁 …… 小さじ2
レモン汁 …………… 少々

■作り方

1 材料を全部合わせて一度凍らせる。
2 固まった甘酒をフードプロセッサーにかけて、なめらかになるまで攪拌し、もう一度冷やし固める。
3 スプーンですくって、器に盛りつける。

ほうじ茶ゼリーとみつ豆

ほうじ茶のゼリーはお口の中を整理する感じで、食後のデザートにぴったり。キウイは何にでも合う重宝な果物ですが、秋なら、柿もよく合いますよ。

■材料(2〜3人分)

＜ほうじ茶ゼリー＞
水 ……………… 3カップ
ほうじ茶の葉 ………… 10g
砂糖 ………………… 40g
板ゼラチン … 1.5g×8枚

＜赤えんどう豆の水煮＞
赤えんどう豆 ……… 50g
水 …………… 1½カップ
重曹 ………………… 少々

＜白玉＞
白玉粉 ……………… 50g
水 ……………… 40〜50mℓ

＜シロップ＞
砂糖・水 …… 各1カップ

＜あしらい＞
キウイ ……………… ½個
チャービル ………… 適量

■作り方

1 赤えんどう豆の水煮を作る。豆は、分量の水に重曹を入れ、ひと晩つける。つけた水ごと、弱火で豆がやわらかくなるまで煮る。ゆで汁が減ってきたら水を足す。
2 ほうじ茶を作る。分量の水に茶葉を入れて沸かし、5分蒸らして茶葉をこす。
3 ほうじ茶ゼリーを作る。板ゼラチンを氷水(分量外)に1枚ずつひたし、やわらかくしておく。鍋に2カップのほうじ茶と砂糖を入れて沸騰寸前まで温め、火を止め、もどした板ゼラチンを加えて混ぜ溶かす。粗熱を取って流し缶に流し入れ、冷蔵庫で冷やし固める。
4 シロップの材料を合わせて煮つめ、冷ましておく。
5 白玉の材料をよくこね合わせ、約2cmの大きさに丸める。沸騰した湯に入れてゆで、浮き上がったら冷水にとる。
6 器に適当な大きさに切ったほうじ茶ゼリー、①の赤えんどう豆、⑤の白玉、切ったキウイを盛り、シロップを注いでチャービルを添える。

果実酒

森には四季を通じていろいろな実がなります。でもそんなにたくさんは採れませんので、大切な実を長く残せるよう、お酒に閉じ込めます。水やソーダで割って味わうと、そのときの感動がよみがえります。

<秋の素材>(左から)ゆず、くるみ、洋梨、あけび、温州みかん

■用意するもの

氷砂糖、素材、焼酎またはホワイトリカー、保存瓶

☆決まった分量はなし。守ってほしい点は、①素材の果物や木の実はきれいに洗い、完全に水気がないように乾かすこと。②保存する瓶を煮沸消毒すること。③氷砂糖・素材・焼酎(またはホワイトリカー)の順に瓶に入れ、瓶の7～8分目以上は漬けないこと(徐々に、素材の水分がでてくる場合があるので)。

■作り方

1 氷砂糖は、素材の重さの¼～⅓を目安に、瓶の底にばらまく程度に入れる。あとではちみつを足すことができるので、甘さ控えめに入れる。

2 素材を入れ、素材がかぶるまで焼酎を注ぎ、冷暗所で2週間から2カ月は熟成させる。レモンなど、柑橘類を漬ける場合は、皮から苦味がでるので、実と皮を分けて入れ、皮は約1週間後に先に取り出す(ゆずは皮のまま)。

＊ゆず、くるみ、あけび：洗って水気をしっかり取り、そのまま漬ける。

＊洋梨：洗って水気をきり、皮つきのまま縦半分に切って漬ける。ヘタのみ取り、芯は取らない。

＊温州みかん：皮をむいて筋を取り、丸のまま漬ける。

粕漬け

いろいろなものを生の粕床に漬けています。
ここにご紹介したものは大成功例。お酒にぴったりです。
かためのアボカドや、ミニトマト(湯むき)もおいしい。

<粕床>

酒粕(生粕)、白みそ、田舎みそ、酒、みりん、砂糖を好みの量で調整しながら粕床を作る。目安は、酒粕に対し、各10%くらいずつ入れる。

■材料

二十日大根、カマンベールチーズ、柿、隼人うり、黄にんじんなど

■作り方

1 漬ける素材を漬かりやすい大きさに切る。
2 黄にんじんと二十日大根の、葉のみを軽く湯通ししておく。
3 浅めの容器に粕床の半量を平らにのばしてガーゼを敷き、その上に漬ける素材を並べる。さらにガーゼをのせ、残りの粕床をのせて平らにのばして、ラップをして1日漬ける。上記の材料は1日がベストだが、材料によっては2～3日おいたほうがいいものもある。

ゆずこしょう

鍋に、あんかけに、隠し味にと料理に不可欠の
ゆずこしょう。案外簡単に作れるので、
自分好みの味に作ってみましょう。当日から使えます。

■材料

ゆず …………… 4～5個
青唐辛子 …………… 100g
塩 ……………… 小さじ2

■作り方

1 青唐辛子はヘタと種を取り、包丁で細かく刻み、ある程度たたいたあと、すり鉢ですって、ペースト状にする(たたいたあと、フードプロセッサーを使ってもよい)。
2 ゆずは、皮をおろし金ですりおろして①に入れ、塩も入れてさらにしっかりすり混ぜる。
※青唐辛子の刺激が強いので、扱う際は、手袋とマスクをしたほうがよい。

秋の朝ごはん

太陽がゆっくりと昇り、光もぐんと弱まる秋の朝、ホテルに二連泊される方のために、奈良で昔から食されてきた郷土料理である茶粥を、お召し上がりいただいています。

　奈良でも各家庭によって、いろいろな風味の茶粥があると聞きますが、「秋篠の森」では、お湯で4～5分煮出した熱い番茶と米を、土鍋でさらっと炊き上げています。また、ほっくりと煮た里いもや大和まなの煮びたし、この時期に採れる野菜の炊き合わせなど、素朴な茶粥に合うような副菜をいくつかご用意し、大きな鉢に盛りつけます。

　また、ぬか漬けは、定番のなすやきゅうりだけでなく、さまざまな野菜を漬け込んでお出しするのが、「秋篠の森」流です。えーっ、こんなものも？　色も形もそれぞれに、大きな皿に並んだ姿は、素朴な漬けものではあるけれど、テーブルの上が華やぐほど……。「おいしいねえ」「もう秋ね」「茶粥を、もう一杯いただこうかな？」。そんな会話が聞こえてきます。

　今日も楽しく、充実した旅の一日になりますように……。窓の外を眺めつつ、秋の一日の始まりは、ゆっくりと時間が流れているようです。

MENU

茶粥

かれいの一夜干し

なすの揚げびたし

里いもの梅煮

大和まなと大和麩のおひたし

自家製ぬか床のお漬けもの

- 隼人うり
- なす
- 黄にんじん
- 二十日大根
- 梅干し
- きゅうり
- 塩昆布
- 菊いも
- 長いも

自家製葛もち

自家製葛もち

■材料（2～3人分）

葛粉…60g、水…1½カップ、きな粉…適量　＜黒みつ＞黒砂糖・ざらめ糖…各50g、水…50mℓ

■作り方

❶鍋に黒みつの材料を入れて中火にかけ、アクを取りながら、とろみがつくまで煮る。❷鍋に葛粉と水を入れ、よく溶き混ぜてから火をつける。最初は強火、沸いてきたら中火にして3～4分しっかり練る。透明になり、弾力もついてきたら、火から下ろし、スプーンでひと口大にすくって、冷水にとる。❸器に②の葛もちを入れて、①の黒みつをかけ、きな粉をのせる。

大和まなと大和麩のおひたし

■材料（2～3人分）

大和まな（または小松菜）…½束、大和麩（げんこつ形の麩）…6切れ、しいたけ…2枚　＜ひたし汁＞かつおだし…240mℓ、薄口しょうゆ・みりん…各大さじ2、しょうがのしぼり汁…小さじ1、白ごま（粗くする）…適量

■作り方

❶大和まな（または小松菜）は湯に塩ひとつまみ入れてゆで、冷水にとり、長さ3～4㎝に切る。しいたけはさっと焼いて薄切りにする。❷麩は水につけてふやかしておく。❸ひたし汁の材料を合わせ、①と水気をしっかりきった②を混ぜ込み、30分～1時間ひたしておく。

里いもの梅煮

■材料（2～3人分）

里いも…10個、米のとぎ汁…適量　＜煮汁＞かつおだし…2½カップ、みりん…50～60mℓ、梅干し大粒（減塩甘口）…5個
ゆずの皮のせん切り…適量

■作り方

❶里いもは皮をむき、米のとぎ汁で下ゆでしておく。❷鍋に煮汁の材料を合わせ、里いもを入れ、弱火でだしが半量になるくらいまで煮る。❸器に盛り、ゆずの皮のせん切りをあしらう。

なすの揚げびたし

■材料（2～3人分）

なす…2本、しょうがのせん切り…適量、揚げ油…適量　＜煮汁＞かつおだし…2½カップ、薄口しょうゆ…60mℓ、みりん…40mℓ、砂糖…大さじ2½、赤唐辛子（種を取って輪切り）…少々

■作り方

❶なすは、縦半分に切り、味がしみやすいように、皮目に細かく切り込みを入れる。❷揚げ鍋の横で、鍋に煮汁の材料を合わせ、沸かしておく。❸なすを180℃の油で揚げ、しっかり油をきって煮汁に入れ、鍋を火からはずして、ひたしたまま冷ます。❹器に汁とともに盛り、しょうがのせん切りをあしらう。

おべんとう

おにぎり三種

<牛肉のしぐれ煮>
牛肉のしぐれ煮の混ぜごはんをにぎる。
<田楽みそ>
田楽みそをのせたごはんをのりで包む。
<実山椒ちりめん>
実山椒ちりめんの混ぜごはんを大和まな（または小松菜）の塩漬けで包む。

だし巻き卵、れんこんのきんぴら、塩昆布、梅干し

秋は実りの季節。紅葉を見にいったり味覚狩りにいそしんだり、また、博物館や美術館でも大きな企画展が開かれる、まさに行楽のシーズンです。「秋篠の森」にお泊まりのお客さまの中にも、遠くまで出かけられるご予定があったりして、朝食を召し上がらず、早い時間に出発されるという方がいらっしゃいます。そんなお客さまには、移動中でも召し上がっていただけるよう、竹の皮に三種のおにぎりを包んだおべんとうをご用意します。奈良の風景に似合うような、素朴なおべんとうです。

今日も楽しい旅の一日となりますように……。そんな気持ちを込めて。

秋の野菜

秋は五穀豊穣、鮮やかな実りの季節。新米をはじめ、晩秋にはそば、柿やりんご、梨などの果物も豊富です。寒くなるにつれ、葉もの、根菜ともに、甘味を増す野菜も増えてきます。温かいスープやすり流し、あんかけ、揚げものなどがおいしく感じられる秋。秋の野菜はそんな私たちの欲求に見事にこたえてくれます。

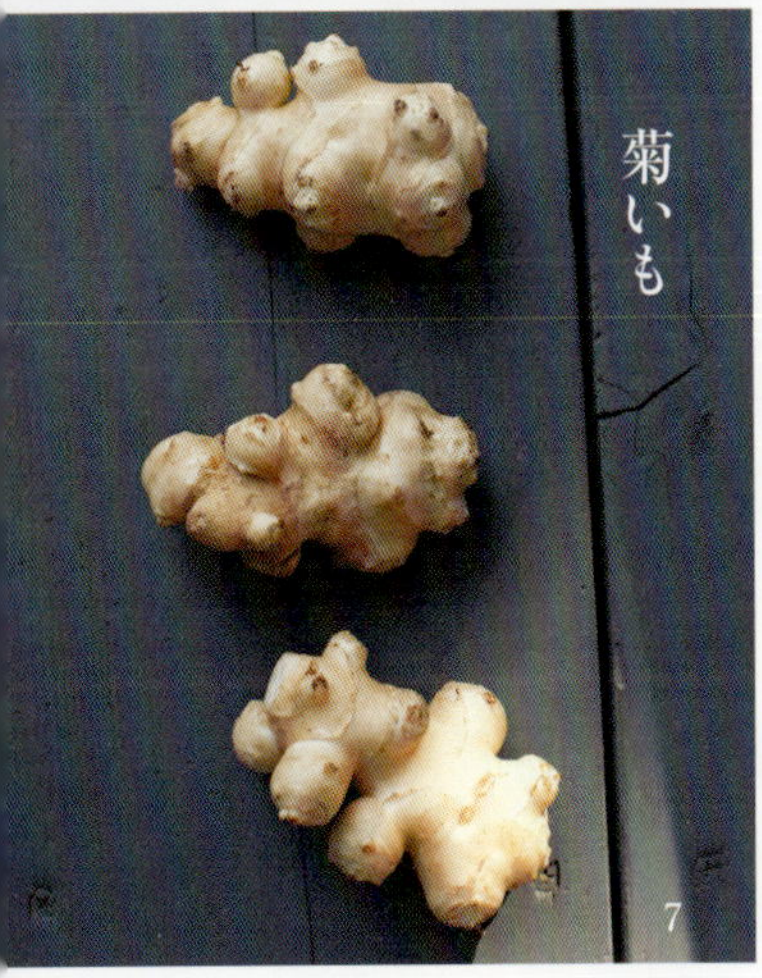

1 葉が細くシャキシャキした歯ごたえ。古くから水田の裏作として栽培されていました。
2 青くさみや苦味がなく、炊いても炒めても。漬け物やおひたし、鍋に。小松菜で代用。
3 白い部分が短く太い。全体がやわらかく甘味があり、スープ、マリネ、炒めて、蒸して。
4 筒井町で栽培。甘味と歯ごたえがおいしい。
5 熱を加えても変色せず、彩りに重宝します。
6 淡泊でくせがない。歯ごたえを楽しむ料理に。
7 食感がじゃがいもで、味、香りがごぼうに似ています。漬けたり、揚げたり、すり流しに。
8 皮も中身も黄色ぽく、くさみがなく甘い。
9 形がエビのよう。風味がよく粘り気が強い。

私の好きな秋の奈良

この季節は、いろいろな場所で仏像や秘宝などが特別公開されます。少し調べてから巡ると、ふだんはできない貴重な経験が、より心に残る旅になると思います。

般若寺

DATA
JR、近鉄奈良駅より、奈良交通バス「州見台八丁目(奈良阪)行」または「青山住宅行」8~10分「般若寺」下車、徒歩3分。山吹、紫陽花、水仙など、四季の花がきれい。奈良市般若寺町221

秋空のさわやかな青色にひときわ映えるコスモス。般若寺《はんにゃじ》は境内いっぱいに所狭しと咲き乱れるコスモスが有名で、別名「奈良のコスモス寺」とも呼ばれています。お寺には国宝や重要文化財もありますが、そんな建物やお地蔵様など、ここにある何もかもがたくさんのコスモスに優しく彩られます。コスモスに蝶がひらひらと舞うのどかな風景に、心も休まることでしょう。向かいにある奈良市内唯一の植村牧場でいただくしぼりたての牛乳もおすすめです。

白毫寺

DATA
JR、近鉄奈良駅より市内循環バス12分、「高畑町」下車、徒歩20分。天然記念物の「五色椿」があり、樹齢400年の木にさまざまな色の椿が咲く。秋の夕日がきれい。奈良市白毫寺町392

白毫寺《びゃくごうじ》は、奈良市東部の若草山、春日山に続いて南に連なる高円山のふもとにあります。小さくて素朴なお寺ですが、奈良でも屈指の「萩の寺」としても知られています。山門に続く石段を上り、参道に出ると、石段を覆うように紅白の萩が咲き誇ります。高台にある境内からは、奈良の町が一望できます。奈良の中心部から少し離れているので参拝者も多くはありませんが、可憐に咲く萩を存分に堪能できる、穴場でもあります。

奈良国立博物館新館（正倉院展）

DATA
近鉄奈良駅より、徒歩15分。JR、近鉄奈良駅からバス2番「氷室神社・国立博物館」下車、すぐ。正倉院展は、写真の西新館、東新館にて、毎年10月下旬～11月上旬。奈良市登大路町50

毎年20万人以上の人が訪れる正倉院展。連日の長蛇の列にためらわれるかもしれませんが、一度行くとその魅力に取りつかれること間違いありません。遠くペルシャや中国からシルクロードを旅してきた宝物は約9000点にものぼり、正倉院で約1250年にわたり大切に守られてきたというだけでも、浪漫を感じずにはいられません。そんな時を経た宝物たちが目の前で当時の文化の煌《きら》めきを伝えてくれるのです。今年はどんな宝物が見られるのでしょうか。

室生寺

DATA
近鉄大阪線室生口大野駅から徒歩90分。「室生寺前行き」バス15分、終点下車、徒歩3分。タクシーでも。秋には紅葉、4月下旬～5月上旬は境内のいたるところで石楠花が見事。宇陀市室生78

室生寺《むろうじ》は、大自然に溶け込む奈良時代からの山岳寺院で、女人高野として親しまれています。室生川の清流にかかる橋を渡ると室生寺の表門で、参道の脇には樹齢何百年という杉木立や天然記念物のシダの群生などが続きます。奥へと続く石段を一段一段上がり、金堂、本堂を過ぎると、静かな緑の中にひっそりと佇む小さな五重塔があらわれます。優美で気高いその姿は、女性をも優しく迎え入れてきたこの寺を象徴するような、懐の深さを感じさせます。

曾爾高原

DATA
近鉄大阪線名張駅より三重交通バスで約45分。榛原駅より奈良交通バスで約60分。曽爾高原は標高約900mの国立公園。ススキは曽爾村の萱葺き屋根の材料として長年使われていたそう

奈良県と三重県の県境にある曾爾《そに》高原。秋には見渡すかぎりのススキの穂で埋め尽くされます。風の流れにまかせ、銀色に輝く穂が一斉に揺れる様子は圧巻で、太陽の光を受けたその姿はまるで光り輝く絨毯のようです。幻想的な大草原を前にすると、時間のたつのも忘れ、ずーっと見ていたいとさえ思います。広い高原の秋ならではのこの景色、少し早起きしてでも訪れていただきたい場所なのです。

明日を待つ冬

森の中はすっかり葉を落とした裸木の間を風が吹き抜け、他の季節に比べると殺風景な印象かもしれません。毎年繰り返し訪れるこの光景を淋しく思うと同時に、幹と枝だけになった素の木立を見ていると、何もないところから纏《まと》ったり落としたりを繰り返していく、そんな姿に人生を重ねてしまいます。だから冬の木々のそっけない姿も、柔らかで輝くような春に向かうために必要な準備……そんなふうに思えてなりません。固く冷たい土の下では植物も小動物も、来るその日を心待ちに、じっと耐え我慢をしているのでしょう。

レストランでは暖炉に薪をくべてお客さまをお迎えします。不思議にゆらめく暖炉の火は、パチパチという音とともに安らかに心を落ち着かせてくれます。そして外が薄暗くなるころ、木立の隙間からは、温かな灯りがレストランから漏れ、殺風景だからこそなんとも幻想的でもあります。

今日も森の中は煙突からのぼる冬ならではの幸せな匂いに包まれ、木立の間を鳥たちがえさを求めて渡っています。その光景を見ていると、淋しげな森の姿とはうらはらに、懐かしいあたたかさが心に宿ります。

冬

落葉樹の葉がすっかり落ちた森は、
無数の木々の色あせた枝が、
冬の青い空に冴え冴えと映り、
また別の美しさを見せています。
窓に温かな灯りがともると、そこには
何かうれしいことが待っている……。
そんな気持ちになる冬です。

(右ページ)あんなに華やいでいた雑木林も、葉が落ち、幹や枝の細い線が重なり合って、この季節にしか味わえない寒々とした美しさを見せています。秋から咲き始める藪椿、ピンクの姫椿、白い侘助など数種類の椿が、無彩色の景色に色を添えています。夕暮れになるにつれ、木々の黒いシルエットが、ピンと張った冷たい空気の中に浮かび上がってきます。あちこちに灯がともり、今度は人の温もりを感じて心安らぐのです

冬のホテルは暖かい雰囲気。ベッドカバーは風合いのある厚手の生地に、色も温かみを感じるベージュから茶系が主。窓から見える裏の竹林は青いままですが、それでも、春や夏とは色が違います。竹林越しに差す光がカーテンを通し、ベッドや床にこぼれてチラチラと揺れています。他の季節では見られない現象に、小さな感動をおぼえます。ロビーの天窓からは、青く澄んだ空に、葉を落とした木々の枝がすっきりと見えています

冬の料理

奈良は盆地ゆえ冬は底冷えがし、格別な寒さを感じます。そんな厳しい寒さの中、いらしてくださるお客さまのために、暖炉の薪を絶やさず、部屋をしっかり暖めて、お迎えです。

まずは温かく召し上がっていただくものを……。両手で碗を包み持ち、フーフーと召し上がっていただく。そうしているうちに冷たかった手の温度も落ち着いてきます。

ホッと一息ついていただいたら、続けて食感の違うものでさらに温まっていただきます。しっかり体が温まり、頬がほんのり赤くなってきたころに、お出しするのは冷たく冷やしたジュレ。このジュレは胃にやさしく、ほどよい冷たさを与えるので、お客さまもよさそうなお顔をなさっているようにお見受けします。さて次は、できたてアツアツの揚げものを一品ずつ、お出しします。

こんなふうに食後のデザートまで、心も体も温まっていただけるよう、いろいろなことを考えながらの冬のメニュー構成です。もちろん冬だけではなく、その季節に感じることをお客さまの立場に立って。今日は喜んでいただけたかな？　そんな思いをいつも胸に……。

［冬のある日のお食事］

地野菜の粕汁

大和まなと海老の雑穀シューマイ
温野菜添え

カニとかぶのレモン酢ジュレ

数の子と芽キャベツの葛うどんパスタ
カルボナーラ仕立て

白身魚のごぼう巻き揚げ

お口直し　紅玉のシャーベット

大和豚と白菜のしょうがみそ鍋

ごはん　自家製じゃこ煮添え

香のもの

いちごの淡雪

地野菜の粕汁

郷土料理を教えていた私の祖母直伝の、なめらかで、ほっこりおいしい粕汁です。お客さまに、まず温まってもらおうと、最初にお出しします。いろいろな野菜を細かく切って、たっぷりの野菜の味わいを楽しみます。おいしい酒粕を使い、麦みそで少しコクを出しています。

■材料(4人分)

にんじん……¼本
ごぼう……¼本
大根……⅕本
こんにゃく……¼丁
油揚げ……⅓枚
かつおだし……3½カップ
酒粕(生)・麦みそ……各60g
薄口しょうゆ……小さじ2
<あしらい用>
せり……¼束
七味唐辛子……適量

■作り方

1 にんじん、ごぼう、大根、こんにゃくは1cm角に切り、さっと下ゆでする。油揚げは、横半分に割って1cm角に切り、湯通しして油抜きする。
2 せりは、長さ2cmに切る。
3 鍋に、かつおだしと①の具材を入れて3～4分煮る。
4 ボウルに酒粕、麦みそを合わせ、少量の煮汁で溶いて③に加え、薄口しょうゆで味をととのえる。
5 器に盛って、せりをあしらい、好みで七味唐辛子をふる。

※酒粕は純米吟醸のものを使用。

大和まなと海老の雑穀シューマイ 温野菜添え

ほかほかのせいろ蒸し。湯気がたくさん立っている状態でお出しします。雑穀をまぶして蒸す雑穀シューマイは、合う素材をいろいろ試してみました。エビ、すりおろしたれんこん、青菜、ねぎの組み合わせは、素朴な口当たりと食感のおもしろさ、深みのある味で、しみじみおいしく仕上がりました。温野菜は彩りよく、季節の野菜を合わせてください。

■材料（2人分）

＜雑穀シューマイ＞

雑穀米 ………………… ½カップ
無頭エビ …………………… 200g
大和まな（または小松菜）… ⅛束
れんこん（作り方④参照）… 100g
長ねぎ（白い部分のみじん切り）
…………………………… 大さじ1

A
- しょうがのしぼり汁 …………………… 小さじ1
- 片栗粉 ………… 大さじ1
- 塩 ……………………… 少々

＜温野菜＞

冬瓜 …………………… 小⅛個
れんこん ………………… 2㎝
黄にんじん（皮をむく）… 小½本
太もやし ………………… ½袋
二十日大根 ……………… 2個

＜ごま酢＞

酢・濃口しょうゆ … 各½カップ
しょうがのしぼり汁 … 大さじ1
すりごま …………… 大さじ5
粉かつお …………… 大さじ½

■作り方

1 雑穀米は、1時間ほど水にひたしてから、湯でさっとゆでてザルに上げ、水気をきる。
2 エビは殻をむき、包丁で粗くたたく。
3 大和まな（小松菜）は、さっとゆでて冷水にとり、細かく刻んで水気をしっかりきる。
4 れんこんは、皮をむいてすりおろし、ザルに上げてしっかり水気をきったものを100g用意する。
5 ボウルに②、③、④、長ねぎ、Aを混ぜ合わせてひと口大に2～4個丸め(a)、まわりに①の雑穀米をまぶし(b)、蒸し器で5分蒸しておく。
6 温野菜用の冬瓜はピーラーで皮をむき、横半分に切り、スライサーで厚さ5㎜に縦に薄切りにする。
7 れんこんは、厚さ1㎝に切り、かためにゆでる。
8 黄にんじんは縦に½～¼本に切り、太もやしはひげ根を取り洗う。
9 せいろに冬瓜を敷き、⑤の雑穀シューマイ、黄にんじん、太もやし、れんこん、二十日大根を盛り入れて(c)、蒸し器で約5分蒸す。
10 ごま酢の材料を合わせて器に入れ、⑨のせいろとともに供す。

a

b

c

カニとかぶのレモン酢ジュレ

定番ですが、季節が変わるたび、考えるのが楽しみなジュレ。季節感のある食材を入れて、味、歯ごたえ、見た目など、バランスと変化を考えて作ります。ジュレの種類も柑橘やりんご酢、土佐酢にしたり。今回の主役はカニ。そしてかぶ、干し柿や黒豆も。お客さまが楽しそうにスプーンでカチャカチャと混ぜて召し上がっているのを見ると、うれしくなります。

■材料（2人分）

カニのむき身 …………… 40g
かぶ（中） …………………… ¼個
きゅうり …………………… ¼本
二十日大根 ……………… 1個
干し柿 ……………………… 1個
長いも ……………………… 20g
オクラ ……………………… 2本
黒豆（水煮） ……………… 4粒
レモンの皮の細いせん切り ……………………………… 少々
しょうがの細いせん切り… 適量

<レモン酢ジュレ>

板ゼラチン ……… 1.5g×6枚
A 酒（煮きる） ………… 160mℓ
A 水 ……………………… 90mℓ
A 薄口しょうゆ …… 小さじ2
レモン汁 ………………… 40mℓ

<甘酢>

酢 ………………………… 125mℓ
水 ………………………… 250mℓ
砂糖 ………………………… 90g
塩 …………………………… 10g

■作り方

1 レモン酢ジュレを作る。まず板ゼラチンを1枚ずつはがして氷水にひたしておく。鍋にAを合わせて沸かす。火から下ろし、水気をしっかりきったゼラチンとレモン汁を加えて混ぜ合わせる。ゼラチンが溶けたらバットに流し入れ、冷蔵庫で冷やし固める。
2 甘酢の材料を鍋に合わせて火にかけ、砂糖を溶かし、冷ます。
3 カニのむき身は軽くほぐし、甘酢にさっとからめる。
4 かぶは、皮を厚くむき2cm角に切る。きゅうりは、すりこぎなどで2cm大にたたき割る。二十日大根は、葉を取り除き4等分に。干し柿は種を取って4等分に切り、それぞれ甘酢につける。
5 長いもは皮をむいて水にさらし、水気をきって包丁で細かくたたき、甘酢を適量からめる。
6 オクラは塩ずりして縦半分に切り、中の種を取り除く。さっとゆでて冷水にとり、包丁で細かくたたいて甘酢をからめる。
7 ①のレモン酢ジュレをマッシャーで細かく砕く(a)。
8 シャンパングラスにレモン酢ジュレ、⑤のたたき長いも、④のきゅうり、かぶ(b)、二十日大根、干し柿、黒豆、再度レモン酢ジュレ(c)、レモンの皮の順に盛り込み、⑥のオクラと③のカニをのせて(d)、さっと冷水にさらした針しょうがをあしらう。

数の子と芽キャベツの葛うどんパスタ カルボナーラ仕立て

数の子のカルボナーラ？
意外で不思議な組み合わせですが、
足したり引いたりした結果の
お気に入りのパスタ。お正月の数の子でどうぞ。
ベーコンを入れるのもお忘れなく！
淡泊なイカ、エビ、帆立貝でもおいしいですよ。
黒こしょうがよく合います。

■材料（2人分）

葛うどん（または稲庭うどん）	50g
塩数の子	2本
芽キャベツ	2個
ベーコン（厚切り）	¼枚
EXVオリーブオイル	適量
にんにくの細切り	適量
塩・こしょう	各少々
<パスタソース>	
生クリーム	200mℓ
パルメザンチーズ	30g
塩・黒こしょう	各少々

■作り方

1 塩数の子は、薄皮を取って塩水につけ、ときどき水を替えながら、塩味が少し残る程度に塩抜きをして、ひと口大のそぎ切りにする。
2 芽キャベツは4等分に切り、ベーコンは7～8㎜角に切る。
3 葛うどんは、たっぷりの湯で少しかためにゆで、流水で洗い、水をきる。
4 フライパンに、オリーブオイルとにんにくの細切りを入れて弱火で香りをつけ、その中にベーコンと芽キャベツを加えて中火で炒め、さらに葛うどんと①の数の子も加え、軽く塩、こしょうする。
5 別のフライパンにパスタソースの材料を合わせ、ほんの少し温めたところへ④を入れて手早く混ぜ合わせる。
6 器に盛り、さらに黒こしょうをふる。

白身魚のごぼう巻き揚げ

鯛やタチウオなどの白身魚で、
旬のごぼうやしょうがを巻いて揚げ、
すだちをキュッとしぼっていただきます。
ごぼうだけでなく、しょうがをプラスしたほうが
絶対おいしい。おかずにもお酒のつまみにもなります。
しょうがの代わりに塩昆布もおすすめ！

■材料(2人・4個分)

白身魚(鯛など)(3枚におろす)
……………………………………100g
ごぼう ……………………………… 5㎝
しょうが ………………………… 10g
塩 ………………………………… 適量
小麦粉(打ち粉用)・揚げ油…各適量
すだち …………………………… 1個

<衣>

小麦粉 …………………………… 45g
片栗粉 …………………………… 15g
冷水 ……………………… 100～110㎖

<ゆず塩>

ゆずの皮のすりおろし・塩…各適量

■作り方

1 白身魚は、少し大きめの斜めそぎ切りにして4枚切り、軽く塩をふる。
2 ごぼうは5㎜角の棒状に切って水にさらし、湯でさっとゆでる。
3 しょうがは皮をむき、1㎜幅のせん切りにする。
4 白身魚を広げ、ごぼうとしょうがをのせて端から巻き、巻き終わりをつまようじで留める。
5 軽く打ち粉をふり、衣をつけて180℃の油で揚げ、つまようじを抜く。
6 器に盛り、すだちとゆず塩(材料を合わせる)を添える。

［お口直し］

紅玉のシャーベット

紅玉は10月が旬ですが、期間が短いので、一気にいろいろ作り、ジャムやシャーベットにもします。皮ごと作って赤い色を生かし、クリスマスにちなんでお出しします。ほどよい酸っぱさもお口直しにぴったりです。

■材料(4人分)

紅玉	300g
水	160㎖
ガムシロップ(市販)	1カップ
白ワイン	大さじ2
レモン汁	大さじ1
りんごジュース	少々

■作り方

1 紅玉は、皮つきのままいちょう切りにし、材料を全部合わせて一度凍らせる。
2 固まったら取り出して、包丁で切り分け、フードプロセッサーで攪拌する。なめらかになったら、また冷凍庫に入れて固める。
3 スプーンですくって、器に盛る。

大和豚と白菜のしょうがみそ鍋

底冷えが強く、とても寒い奈良の冬。
甘みのある田舎風の
素朴な麦みそとしょうがを
たっぷり入れたこの鍋は、
体の芯から温まるやさしい味。
しょうがの量はお好みで。
うちでは相当な量を入れます。

■材料(2人分)

豚ロース(しゃぶしゃぶ用)	10枚
白菜	3枚
大和まな(または小松菜)	½束
三つ葉	1束
ごぼう	½本
長ねぎ	½本
大和麩(げんこつ形の麩)	4個
しょうがのすりおろし(好みで)	適量

<鍋汁>

かつおだし	3カップ
麦みそ	90g
しょうがのすりおろし	適量

■作り方

1 白菜と大和まな(または小松菜)は、さっとゆでる。巻きすの上に白菜を軸と葉が交互になるように広げ、大和まなを芯にして巻き、長さ4cmに切る。
2 三つ葉は葉の部分は10cm、茎の部分は4～5cmの長さに切る。
3 ごぼうはピーラーで薄切りにして水にさらし、長ねぎは斜め薄切りにする。
4 大和麩は、水にひたしておき、軽くしぼる。
5 豚肉と①～④の具を器に盛る。
6 土鍋に鍋汁の材料を合わせて沸かし、材料を入れて煮る。好みでさらにしょうがのすりおろしを添える。

［デザート］

いちごの淡雪

食後のデザートは、口当たりがやさしく、軽く消えていくものがいいと思います。淡雪はまさにそのとおり。それまでの食事を品よくまとめます。いちごのやわらかさと色が、淡雪にぴったりです。

■材料（15×18cmの流し缶１個分）

＜いちごのゼリー＞

いちご	１パック
水	540mℓ
砂糖	100g
ブランデー	20mℓ
板ゼラチン	1.5g×12枚

＜淡雪＞

水	70mℓ
粉寒天	1g
砂糖	40g
卵白	１個分
チャービル	適量

■作り方

1 いちごはヘタを取り、半分に切る。
2 板ゼラチンは、１枚ずつはがして氷水（分量外）にひたし、やわらかくしておく。
3 鍋に水と砂糖を入れて火にかけ、砂糖が溶けたら火から下ろし、水気をきったゼラチンを加えて溶かす。粗熱が取れたらブランデーと①のいちごを入れて混ぜ、流し缶に流し入れ、冷やし固める。
4 鍋に水と粉寒天を入れて火にかけて沸騰させ、寒天が溶けたら砂糖を入れて煮溶かし、寒天液を作る。
5 卵白をしっかり泡立て、メレンゲを作る。
6 ⑤に、④の寒天液を温かいうちに少しずつ混ぜ込む。
7 ③のいちごのゼリーの上に⑥を流し込み、へらで表面を平らにし、さらに冷やし固める。
8 適当な大きさに切って器に盛りつけ、チャービルを添える。

黒豆のゼリー

お正月の黒豆を使ったゼリーはこの季節だけのお楽しみ。ゆずの甘煮と一緒に食べると、ふくよかな香りとともに広がる味が楽しめます。見た目もモダンできれい！

■材料

(15×18㎝の流し缶1個分)

<黒豆のゼリー>

黒豆(甘煮) ………… 150g
水 …………… 2½カップ
グラニュー糖 ……… 170g
白ワイン …………… 80mℓ
ブランデー ………… 10mℓ
板ゼラチン … 1.5g×10⅓枚

<ゆずの甘煮>

ゆずの皮 ………… 1個分
水 ………………… 180mℓ
砂糖 ……………… 75g

<シロップ>

砂糖1：水1 ………… 適量

■作り方

1 ゆずの甘煮を作っておく。ゆずの皮の白い部分を除いて適当な大きさに切り、水と砂糖で煮つめる。
2 板ゼラチンは、1枚ずつはがして氷水(分量外)にひたし、やわらかくする。
3 ゼリー液を作る。鍋に水とグラニュー糖を入れて火にかけ、砂糖が溶けたら火から下ろし、水気をきったゼラチンを加えて溶かす。粗熱を取り、白ワイン、ブランデーを入れ混ぜる。
4 ゼリー液を冷水で冷やす。少しとろみが出てきたら黒豆を加えて混ぜ合わせ、型に流し入れ、冷やし固める。
5 シロップを作る。同量の砂糖と水を煮つめて、冷ましておく。
6 ゼリーを適当な大きさに切って器に盛り、シロップをかけて、ゆずの甘煮を添える。

干し柿のゼリー

甘みがギュッと濃縮された干し柿を淡泊なゼリーの中に閉じ込めると、生の柿にはない奥行きある味。ねっとり感がゼリーと合います。白玉は飾り。

■材料

(15×18㎝の流し缶1個分)

<干し柿のゼリー>

干し柿 ………… 3～4個
白ワイン …………… 適量
水 ……………… 3カップ
砂糖 ……………… 110g
板ゼラチン … 1.5g×12枚

<シロップ>

砂糖1：水1 ………… 適量

自家製あんこ(P77参照) ……………………… 適量
豆苗 ………………… 少々

<白玉>

白玉粉 ……………… 50g
水 ……………… 40～50mℓ

■作り方

1 干し柿は種を取って6～8等分に切り、さっと白ワインをからめ、型に並べる。
2 板ゼラチンは1枚ずつはがして氷水(分量外)にひたし、やわらかくしておく。
3 ゼリー液を作る。鍋に水と砂糖を入れて火にかけ、砂糖が溶けたら火から下ろし、水気をきったゼラチンを加えて溶かす。
4 粗熱を取り、①の型に流し入れ、冷やし固める。
5 シロップを作る。同量の砂糖と水を煮つめて、冷ます。
6 白玉を作る。白玉粉と水をこね合わせて2㎝大に丸め、沸騰した湯に入れてゆでる。浮き上がったら冷水にとる。
7 器に、適当な大きさに切った干し柿のゼリー、白玉、あんこを盛り、シロップを注ぎ、豆苗を添える。

冬の料理、いろいろ。

底冷えのする寒い奈良に
わざわざやって来てくださるお客さまに、
とにかく温かいもの、ほっこりするものをと
あれこれ考えます。また、お正月の食材を
ちょっとアレンジするのも、このときならではの
サプライズ。ご家庭でも、ちょっと今まで
食べたことのない料理と味を試してみてくださいね。

自家製豆腐
すだち塩とオリーブオイルがけ

地元の豆腐店のおいしくて濃い豆乳を使っています。ご家庭でもできるだけ濃い豆乳で作ってください。できたての温かくやわらかい豆腐は誰もが大好き。ゆず塩、梅塩、煎茶塩でも。

■材料(4人分)

豆乳 ……………… 2カップ
(12%以上のもの)
にがり ………… 小さじ4
EXVオリーブオイル…適量

<すだち塩>
すだちの皮のすりおろし
…………………… ½個分
塩 …………………… 適量

■作り方

1 鍋に豆乳を入れて温める。70℃になったら火を止め、にがりを木べらに伝わせるようにしながら少しずつ回し入れ、ゆっくりと混ぜる。
2 少し固まりはじめたら土鍋に移し入れ、ふたをして10～15分ほどおくと豆腐ができる。
3 大きめのスプーンなどですくい取って器に盛り、すだち塩(材料を混ぜる)と、オリーブオイルをかける。

梅ひとつの茶碗蒸し

茶碗蒸しに梅干しがひとつというインパクト。そして、
匙を入れると、「これ、何?」と必ず聞かれます。
それはじゃがいも！　少し歯ごたえのある蒸し加減。

■材料（2人分）

梅干し……1個
じゃがいも……1個
片栗粉・揚げ油…各適量

＜卵液＞

卵……1個
A［かつおだし……150mℓ
　 薄口しょうゆ…大さじ1

＜しょうがあん＞

B［かつおだし……180mℓ
　 薄口しょうゆ…小さじ1
　 塩……少々
しょうが汁……小さじ1
水溶き片栗粉……大さじ2
（片栗粉1：水2）

■作り方

1 卵液を作る。卵を軽く溶きほぐしてAを合わせて一度こす。
2 梅干しは種を取り、2等分にして片栗粉をまぶし、170℃の油で揚げる。
3 じゃがいもは、5㎜角の棒状に切って水にさらし、水気をきっておく。
4 器にじゃがいもを入れ、①の卵液を7分目まで注ぎ、湯気の立った蒸し器に入れてふたをする。強火で2～3分蒸し、表面が白っぽくなったら火を弱めて10～15分蒸す。
5 しょうがあんを作る。Bを合わせて煮立たせ、しょうが汁を入れ、水溶き片栗粉でとろみをつける。
6 蒸し上がった茶碗蒸しにしょうがあんをかけ、揚げた梅干しをのせる。

■材料（2人分）

かぶ（作り方①の処理をしたもの）……250g
卵白……1個分
塩……少々
片栗粉……大さじ1
銀杏……6個
しいたけ……1枚
エリンギ……½本
しめじ……½パック
えのきたけ……¼パック
生わさびの細切り…適量

＜わさびあん＞

A［かつおだし…1カップ
　 薄口しょうゆ・みりん……各20mℓ
わさびのすりおろし…適量
水溶き片栗粉……適量
（片栗粉1：水2）

■作り方

1 かぶは厚めに皮をむいてすりおろし、ザルに上げてしっかり水気をきったものを250g用意する。
2 卵白を溶きほぐし、かぶと混ぜ合わせる。
3 ②に塩と片栗粉も入れ、さらに混ぜ合わせる。
4 銀杏は殻を割り、160℃の油（材料外）で揚げて薄皮をむき、③のかぶに混ぜ込む。
5 しいたけとエリンギは6～8つに割り、しめじは石づきを取ってほぐしておく。えのきたけも石づきを取り、半分に切る。
6 器に④を少し敷き、その上に⑤のきのこを盛り、さらに残りの④を上からかぶせるようにのせて湯気の立った蒸し器に入れ、強火で約7～8分蒸す。
7 わさびあんのAを合わせて煮立たせ、わさびのすりおろしを溶き入れ、水溶き片栗粉でとろみをつける。
8 蒸し上がったかぶら蒸しにわさびあんをかけて、生わさびの細切りをあしらう。

きのこのかぶら蒸し

料理屋さんで出てきそうですが、家で簡単に作れます。
寒い冬だからこそ、あつあつが大事。
銀杏もホクホクでおいしいので、ぜひ入れてください。

田舎こんにゃくのおかか揚げ

家で、甘辛く炊いたこんにゃくが余り、かつお節をまぶして揚げてみたのが始まり。今や大人気のメニューです。散りやすいので、手でしっかりつけて。

■材料(4本分)

田舎こんにゃく …… ½枚
花がつお …………… 10g
小麦粉(打ち粉用)・揚げ油 …………………… 各適量
すだち ……………… 1個

<下味>
かつおだし … 2½カップ
濃口しょうゆ ……… 50mℓ
砂糖 ………………… 50g
一味唐辛子 ………… 少々

<薄衣>
小麦粉 ………… 大さじ4
水 …………… 大さじ4½

■作り方

1 こんにゃくは2㎝角に切り、ゆでてアク抜きする。
2 鍋に下味の材料を合わせ、下ゆでしたこんにゃくを入れ、煮汁が半量になるまで煮つめる。
3 汁気をきって竹串に3個ずつ刺し、軽く打ち粉をして、薄衣をつけ、花がつおをまぶして170℃の油で揚げる(花がつおがカリッとなるように)。
4 器に盛り、すだちをあしらう。

くわいの海老しんじょ揚げ

おせちによく登場するくわいは、揚げてもおいしい。海老しんじょで包んで揚げたら、外はふんわり、中はくわい独特の歯ごたえ。丸のままの形が愛らしい。

■材料(4個分)

無頭エビ …………… 200g
A
- しょうがのみじん切り …………… 大さじ½
- 塩 ……………… 少々
- 片栗粉 ………… 少々

くわい ……………… 4個
米のとぎ汁 ………… 適量
小麦粉(打ち粉用)・揚げ油 …………………… 各適量
すだち ……………… 1個

<衣>
小麦粉 ……………… 45g
片栗粉 ……………… 15g
冷水 ………… 100～110mℓ

■作り方

1 エビは殻をむき、包丁で粗くたたいてボウルに入れ、Aを混ぜ合わせてエビしんじょを作る。
2 くわいは皮をむいて水にさらし、米のとぎ汁で1～2分ゆでる。
3 くわいの水気をきり、軽く打ち粉をする。①のエビしんじょを4等分し、くわいを包み込むようにまとめる。
4 ③に打ち粉をして、衣をつけ、180℃の油で揚げる。
5 器に盛り、すだちを添える。

さつまいもと田作りのかき揚げ

おせちの田作りを中心に、さつまいもとせりを
かき揚げにしました。エッ?なぜ?おいしい!
と、驚かれます。山いもでも合います。

■材料(4個分)

さつまいも(中)……½本
田作り……½カップ
せり……⅓束
白ごま……大さじ2
小麦粉(打ち粉用)……適量
揚げ油……適量
すだち……適量

<大和茶塩(煎茶塩)>

大和茶(煎茶)・塩……各適量

<衣>

小麦粉……45g
片栗粉……15g
冷水……100～110mℓ

■作り方

1 さつまいもは皮はむかず、長さ4cm、7mm角の拍子木切りにして水にさらす。せりも3～4cmに切る。
2 ボウルにさつまいも、田作り、せり、白ごまを入れて混ぜ合わせ、打ち粉用小麦粉を少々混ぜ合わせる。
3 衣を作り、②に適量流し入れてからめ、ひと口大ずつ4個分にまとめながら、180℃の油で揚げる。
4 茶葉をすりつぶし、塩と合わせて、大和茶塩を作る。
5 ③のかき揚げを器に盛り、すだちと大和茶塩を添える。

里いもと銀杏の玄米リゾット しょうがみそ仕立て

麦みそとしょうが味の和風リゾット。季節の里いもの
ぬるっとしたやわらかさと、プチッとした玄米の
異なる食感がおいしい。揚げたねぎで香ばしさを。

■材料(2人分)

玄米ごはん……100g(玄米½合分)
里いも……2個
銀杏……6粒
長ねぎ……½本
オクラ……2本
帆立貝の貝柱……4個
しょうがのみじん切り……大さじ1
米のとぎ汁……適量
塩……適量
片栗粉・揚げ油……各適量
黒七味……少々

<里いもの煮汁>

かつおだし……2カップ
薄口しょうゆ・みりん……各50mℓ

<麦みそスープ>

帆立貝のゆで汁……1カップ分
麦みそ……20g

■作り方

1 里いもは皮をむき、米のとぎ汁で常温から下ゆでしたあと水にさらす。分量の煮汁で3～4分煮て下味をつける。汁気をふき取ってひと口大に切り、片栗粉をまぶし、170℃の油で揚げる。

2 銀杏は殻をむき、170℃の油で素揚げして薄皮をむく。

3 長ねぎは長さ7cmのせん切りにし、170℃の油で素揚げにする。

4 オクラは塩ずりして、縦半分に切り、中の種を取ってからさっとゆでて冷水にとり、水気をきって包丁で細かくたたく。

5 帆立貝は¼～⅙等分に切り、2カップの水(分量外)でゆでて冷水にとり、ゆで汁もとっておく。

6 麦みそスープを作る。⑤の帆立貝のゆで汁1カップ分に、麦みそを溶き入れる。

7 鍋に玄米ごはんと⑥のスープを入れ、弱めの中火で煮る。汁気がなくなってきたら火を弱め、しょうがのみじん切りを加える。

8 さらに④のたたきオクラを加えて全体にとろみをつけ、①の里いもと②の銀杏、⑤の帆立貝を混ぜ込み、火を止める。

9 器に盛り、③の揚げ長ねぎをあしらい、黒七味をふる

ふぐと水菜の黒七味鍋

やさしいかつおだしの鍋汁に黒七味を入れて、
いつものふぐ鍋とはひと味違う、キリッと大人の鍋。
黒七味は多めですが、お好みで加減してください。

■材料(2人分)

フグの身……100g
フグのあら……400g
水菜……¼束
せり……1束
生しいたけ……2枚
葛きり……20g
ポン酢・あさつきのみじん切り……各適量

<鍋汁>

A ┌ かつおだし……3カップ
A │ 薄口しょうゆ……小さじ2
A └ 塩……小さじ⅓

黒七味……小さじ½

■作り方

1 フグの身は、薄くそぎ切りにする。あらはひと口大のぶつ切りにする。
2 水菜とせりは、長さ7～8㎝に切る。
3 しいたけは、軸を取り表面に軽く切り込みを入れ、斜め半分に切る。
4 葛きりは、たっぷりの湯に入れて10分ゆで、氷水にとる。
5 器に具材を盛る。土鍋に鍋汁のAを合わせ、黒七味を好みに加減しながらふり入れる。
6 ポン酢、あさつきのみじん切りを添える。

自家製のおいしいおみやげ

レストランでごはんのお供に必ず添えしいる「山椒の実入りじゃこ煮」と「昆布と牛蒡の佃煮」。どこにでもある物かもしれませんが、もちろん材料にこだわって、ていねいに作っています。これが好評で、お帰りの際に、ご自宅でも食べたいとおっしゃってくださるお客さまには、少しずつですがお分けしています。

年末のご挨拶に、お世話になっている方にもとご要望をいただき、せっかくなら大和を感じていただけるよう、「大和牛のしぐれ煮」を合わせて、冬限定の箱詰めにしました。

どれも、添加物、化学調味料なしの「自家製ごはんの友」です。そんなに濃い味つけにしていませんし、もちろん保存料も入れていませんので、開封したら早めにお召し上がりください。ご自宅で旅の余韻を味わい、奈良を思い出していただけたらうれしいです。3本セットで￥3675（山椒の実入りじゃこ煮100g、大和牛のしぐれ煮90g、昆布と牛蒡の佃煮100g）。大和牛のしぐれ煮以外は、袋入りで1袋各￥1050でもお分けしています。

冬の野菜

アツアツの蒸しものや煮もの、鍋が欠かせない季節。
白菜、ほうれん草、菊菜、せり、大根、かぶ、ごぼう…
甘味が増しておいしくなる野菜がたくさんありますね。
冬の野菜は気持ちを落ち着けてくれるような気がします。

1 紫と白がきれいな小かぶ。皮が薄く緻密な肉質で甘味が強く、サラダ、マリネに。
2 上部が紫色で細長い。漬けものやマリネ、蒸しても。えぐみも特有のおいしさ。
3 粘りが強く、凝縮した味。テリーヌ、いもだんご、下味をつけて揚げても美味。
4 吉野は柿の産地。凝縮した甘味と食感は、デザート、あえもの、酢のものに。
5 実がしまってみずみずしく、やわらかくて甘いかぶ。旬は11月～翌3月。
6 雲母を含んだ土で栽培され光るので、縁起物とされ、やわらかく、香りが強い。

私の好きな冬の奈良

お寺や神社の、キーンと冷たく引き締まった独特の雰囲気を味わうのもよいものです。
古代より人々が大切に守り継いできたものや、
積み重ねられてきた歴史にしみじみと感じ入ることができます。

東大寺二月堂

DATA
JR、近鉄奈良駅から、市内循環バス5分「大仏殿・春日大社前」下車、徒歩約15分。坂道を上りつめる。24時間参拝可能。旧暦2月に「お水取り（修二会）」が行われるのでこの名がある

二月堂にお参りするのは、できれば早朝か夕方をおすすめしています。お堂が徐々に日に照らされる朝の時間はとてもすばらしく、二月堂の舞台からは、大仏殿の屋根を眼下に奈良市内が一望でき、朝もやに包まれるその光景は、とても幻想的です。また、大仏殿のにぎわいが落ち着き、静けさが戻った夕暮れ時の二月堂からは、優しい灯りがともりはじめた奈良の町と、微妙に変化していく空の色が見え、その美しさはいつまで眺めていても飽きることはないのです。

東大寺修二会

DATA
752年に始められ、2013年には1262回を数えた。正式名称は「十一面悔過《けか》」といい、日常犯している過ちを、二月堂の本尊、十一面観世音菩薩の宝前で、懺悔することを意味する

毎年3月1日になると、「お水取り」として知られる東大寺修二会《しゅにえ》が始まります。3月といってもまだまだ寒く、2週間にわたって行われるこの修二会が終わると、奈良に春がやってくるといわれています。夜になると大きな松明《たいまつ》を二月堂の回廊に運び上げて振り回し、下から見上げる人々の頭上に無数の火の粉が豪快に降りかかるという、壮大で荒々しい光景は何度見ても胸が高鳴ります。この時期限定の和菓子「糊こぼし」は、お土産に喜ばれています。

春日若宮おん祭

DATA
遷幸の儀は春日神社内の若宮神社から、御神体を一之鳥居と二之鳥居の間にあるお旅所にお遷しする行事。12月17日午前0時、明かりも写真も禁止され、雅楽の音色とともに御神体が移る

12月の中旬に行われる春日若宮のおん祭はとても神秘的で厳かな神事です。クライマックスは真夜中、神様が神殿からお旅所《たびしょ》という宿に遷《かえ》られる「遷幸の儀」で、静まり返った暗闇の中を低い唸り声とともに、あっという間に神様を取り囲む一団が通り過ぎていくのです。極寒の、ピンと張りつめた空気の中で五感がいっそう研ぎ澄まされていくのがわかります。ほかでは体験できない不思議に満ちたおまつりです。写真はお旅所で奉納される芸能の一つです。

法華寺

DATA
近鉄新大宮駅より徒歩約20分。バスは近鉄大和西大寺駅より「JR奈良駅行」10分。JR、近鉄奈良駅「大和西大寺駅行」「自衛隊前行」14分、「法華寺前」下車、徒歩3分。奈良市法華寺町882

風格と気品に満ちあふれた尼寺である法華寺《ほっけじ》は、東大寺の大仏様を造られた聖武天皇の后、光明皇后ゆかりのお寺です。中でも人気の十一面観音像は、木の質感を生かした造形的な姿で平安時代前期の仏像によくある女性的な風貌をしています。また、入り口近くには、薬草を蒸して病気で苦しむ庶民を治療したといわれる「からふろ」があり、寺全体の落ち着いた雰囲気からも、慈悲深い光明皇后の「癒しの心」が感じられます。

法隆寺

DATA
JR法隆寺駅より徒歩約20分。バス「法隆寺門前行」法隆寺門前下車。塔・金堂を含む西院伽藍と夢殿を含む東院伽藍に分かれる。日本初の世界文化遺産。生駒郡斑鳩町法隆寺山内1の1

世界最古の木造建築として大勢の観光客が訪れる法隆寺も、寒い冬には少し落ち着き、静けさの中でゆっくりと拝観することができます。ゆったりとした広い境内の中には、飛鳥時代の五重塔や金堂のほかに多数の国宝や重要文化財があり、一つ一つに見ごたえがあります。遠い飛鳥の時代の人々の信仰心に触れ、静寂な空気の中、心も澄んでいくようなすがすがしい気持ちになります。聖徳太子ゆかりの地、斑鳩の里。ここには日本の美の原点があります。

おいしいもの、器、雑貨、服…
森に佇む衣食住の空間
ギャラリー「月草」

ギャラリー「月草」では、地元のおいしいものや手仕事のものを中心に、布、土、ガラスなどを通して、暮らしを豊かにする提案をしています。

レストランやホテルで、実際に手にとったり、使っていただくことで、そのよさを味わい、お客さまの暮らしにもぜひ取り入れていただければ、と思っています。

また、できるだけ作り手の思いもお伝えしたくて、常設の展示以外に、毎月、器をはじめとするさまざまな展覧会を行っています。展覧会の期間中、ギャラリーの隣にある硝子の小屋では、カフェもオープン。ギャラリーをのぞいたり、お茶を楽しんだり……。

四季の移ろいを楽しめる森の中で、満ち足りた時間を過ごしていただける多目的なギャラリーです。

(右ページ)ショップ&ギャラリー「月草」の看板と入り口。作家ものの器を中心に、奈良のおいしいものや着心地のいい洋服、身のまわりの雑貨を置いています。ギャラリーでは個展や展示会が常に催されています。
(左ページ)器は人気で、工房から届く作品を皆さま楽しみにしてくださっています。上写真左奥にはホテルで使われているシャンプー類も。左下は、ギャラリーで催しものがあるときにカフェとなる、硝子の小屋。おいしいお菓子も楽しめます。

ギャラリー「月草」

奈良のおいしいものと雑貨

奈良には、まだあまり知られていないおいしいものや、伝統の美しい手仕事がたくさんあります。「月草」では、そんな奈良のおすすめの品や姉妹店の「くるみの木」オリジナルのおいしいものなどをご紹介しています。食材は「なず菜」でも使っているものばかりです。お気に入れば、ぜひ試してみてください。

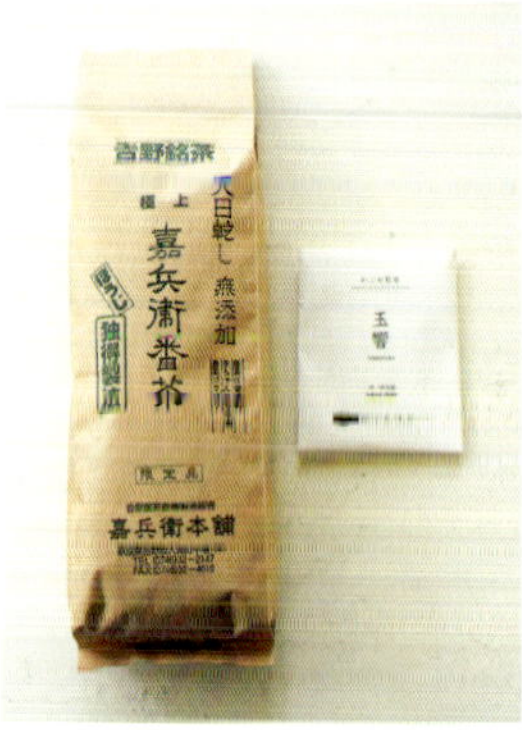

「天日乾し極上嘉兵衛番茶」
「かぶせ煎茶　玉響」

天日で干したほうじ茶。香ばしい香りが美味。200g ¥630／大和茶の極上煎茶。低めの温度でいれると驚くほどおいしい。20g ¥1000

つるりとした食感
「葛入り手延べうどん」

にんにくやオイルと合わせ、パスタとしても使っている吉野本葛入りの細いうどん。こしと風味が魅力。500g ¥1155

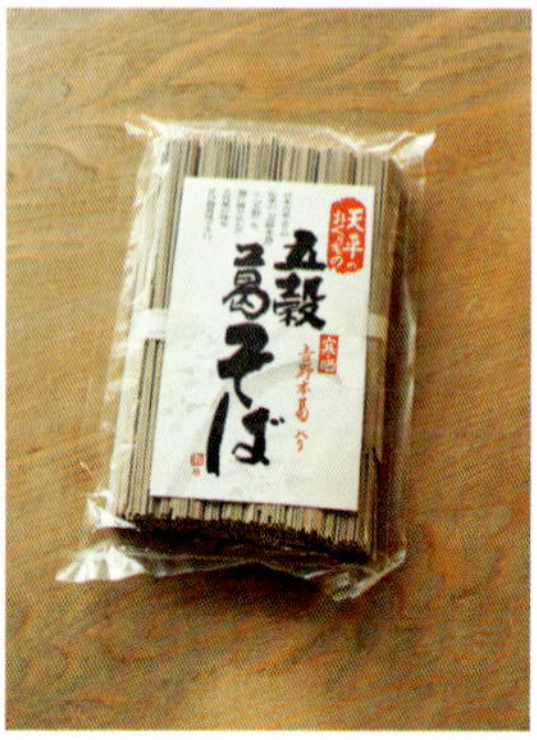

奈良ならではの珍しいそば
「五穀葛そば」

五穀と吉野本葛の入ったそば。和の具材でオリーブオイルを使い、和風パスタにも。葛入り独特のねばりある食感。480g ¥525

「大和の麩」「ちぎって作ったおいしい手焼き麩」

伝統を受け継いだ、なめらかでとろり、もちもちした食感がおいしい焼き麩。大和の麩２本入り、げんこつ形６個入り（各）¥330

菓子に料理に奈良が誇る
「吉野本葛」

宇陀で400年続く老舗の葛。山奥に自生する吉野葛の根をたたき、井戸水で何度もさらし作られた貴重な食材。130g ¥840

オリジナルの味
「トマトケチャップ」

新鮮な国産トマトの自然な甘味を生かし、オリジナルレシピで作ったやさしい味のケチャップ。添加物はいっさいなし。400mℓ ¥650

本物の赤いトマトの味
「なら治道トマトジュース」

治道地区産のおいしい完熟トマトで作られたジュース。朝食にもお出ししています。塩、添加物なし。季節限定。500mℓ ¥900

鹿の形がかわいい！
「鹿サブレ」

ほんのり甘くてサクサクシンプルなおいしさ。奈良の鹿をかたどったサブレはおみやげにも人気。８枚箱入り￥787

昔ながらの素朴な味
「手やきせんべい」

鹿印が12枚、そら豆入りが６枚入り。創業70年、変わらぬ製法により、全工程手作業で焼き上げたおせんべい。￥892

ほんのり甘い黒豆
「奈良県宇陀産黒豆菓子」

宇陀産の黒豆をていねいに炊いて乾燥。上品な甘さが素材の味を引き立てます。そのままでも、ヨーグルトにも。150g￥1050

「なず菜」で毎日使ってます
「吉野杉のランチョンマット」

節がなく、色の美しい吉野杉のランチョンマット。四方が斜めにカットされているので、指が入り持ちやすい。42×32×１cm￥7350

一度使ったら手放せない
「白雪ふきん」

蚊帳生地を８枚重ねにした奈良の白雪ふきん。鹿の刺繍入りとグリーンのステッチ入りはオリジナル。30cm×35cm（各）￥472

くるみの中にくるみ餡
「くるみ塩最中」

くるみの形が愛らしいオリジナル。くるみ入りの餡は、三温糖の甘味とほのかな塩味。コクがあってあっさり。６個箱入り￥1470

手仕事の美しさを日常に
「吉野杉の料理箱」

吉野杉天然無垢材で作られた料理箱。自然系塗料で、しょうゆや水をこぼしても大丈夫。正方形もあり。20.5×10.5×4.5cm￥6300

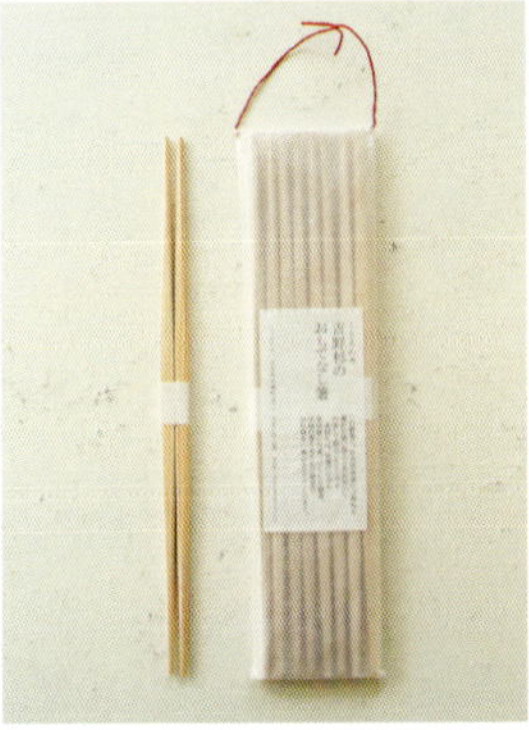

すがすがしい一本利久箸
「吉野杉のおもてなし箸」

香り高き吉野杉で作った両細の箸。「なず菜」でも使っています。いい箸は、料理をいっそう引き立ててくれます。８膳入り￥840

旬の果物で作る自家製
「オリジナルジャム」

糖分を控え、保存料やペクチンなどは加えず、大切に煮込んだジャム。バナナやキウイのほか、季節限定品も。（各）￥600～840

※商品の仕様、価格（税込み）は2013年現在のものです。

おわりに

子供のころ、一緒に暮らしていた祖母は、おもてなしが好きな女性でした。祖母が、家族や来客のためにてきぱき作る料理やお菓子は、季節を味わう素朴で滋味深いものでした。四季折々、庭にできるいろいろな実や作物を、お酒に漬けたり保存食にしたり、自然の恵みを大切にする姿は、日々の営みの記憶として確かに私の一部に残ったように思います。

「くるみの木」（右上写真）を始めて20年の節目の年、縁あってオープンした「秋篠の森」。「くるみの木」の経験だけでは実現できない〝秋篠の森らしいおもてなしを〟……の思いで、すべてが動いています。しつらえや料理など、細かいことも合わせると、日々、考えることは山のようにあります。「何かが違う、何だろう？」。そんなとき、ふと浮かんでくる幼いころの記憶が、解決してくれることも少なくありません。

「秋篠の森」は２０１３年七夕の日、10年目を迎えました。ここで働くスタッフすべてのおかげで、この本は生まれました。ありがとう。

素晴らしい写真を撮ってくださったカメラマンの竹内章雄さん、貴重な一冊に仕上げてくださったデザイナーの山下知子さん、そして編集の津川洋子さん、気長に原稿を待っていただき本当に感謝しています。ありがとうございました。

索引

大和豚と地野菜のごま鍋………………84
白菜
大和豚と白菜のしょうがみそ鍋………107
葉玉ねぎ
葉玉ねぎと揚げ麩の和スープ…………24
花わさび
花わさびと山うどの三宝柑ジュレ……16
ふき
春野菜の蒸し寿司………………………20
和紅茶のしょうがゼリー ふきの甘煮添え…28
ふだん草
一夜干しイカとふだん草の葛うどんパスタ
久徳寺納豆風味……………………18
実山椒
実山椒の塩漬け…………………………29
水菜
春野菜のサラダ もずくジュレがけ……26
イカのつみれと大和麩のゆず鍋………70
ふぐと水菜の黒七味鍋…………………115
みょうが
なす、オクラ、みょうがの
ごまだれ冷製葛うどんパスタ………44
芽キャベツ
数の子と芽キャベツの葛うどんパスタ
カルボナーラ仕立て………………104
山いも
たけのことイカの自家製飛竜頭 木の芽あんかけ…25
じゅんさいのとろろ汁…………………42
大和ねぎのすり流し 揚げつくねいも添え…78
大和まな（小松菜）
イカのつみれと大和麩のゆず鍋………76
大和まなと大和麩のおひたし…………88
大和まなと海老の雑穀シューマイ 温野菜添え…100
れんこん
春れんこんとせりのかき揚げ…………27
煎り玄米のれんこんまんじゅう
ゆずこしょうあんかけ………………80
大和まなと海老の雑穀シューマイ 温野菜添え…100
わらび
そら豆のすり流し わらびの葛だんご添え…13
アサリと春菜のくずスープ……………25
春野菜のサラダ もずくジュレがけ……26

果物・木の実

あけび
果実酒……………………………………86
甘夏（はっさく）
完熟丸ごとトマトのサラダ仕立て……41
青なすとタコの柑橘冷製葛うどんパスタ…54
晩柑酢……………………………………57
いちご
いちごの淡雪……………………………108
いちじく
帆立といちじくのパン粉揚げ…………53
柿
粕漬け……………………………………87
干し柿のゼリー…………………………109
くるみ
果実酒……………………………………86
三宝柑（甘夏、はっさく）
花わさびと山うどの三宝柑ジュレ……16
春野菜のサラダ もずくジュレがけ……26
すだち
すだちのマーマレード…………………66
梨
和梨のシャーベット……………………75
晩柑
晩柑酢……………………………………57

里いも
里いもの梅煮……………………………88
里いもと銀杏の玄米リゾット しょうがみそ仕立て…114
しまうり
しまうりのしんじょ揚げ………………47
じゃがいも
梅ひとつの茶碗蒸し……………………111
春菊
長いもと大和きくなのかき揚げ………82
大和豚と地野菜のごま鍋………………84
じゅんさい
じゅんさいのとろろ汁…………………42
冬瓜そうめん青ゆず風味 じゅんさい添え…43
しょうが
そら豆と新しょうがのかき揚げ………27
和紅茶のしょうがゼリー ふきの甘煮添え…28
新しょうがの甘酢漬け…………………29
海老と銀杏のえびいも包み しょうがあんかけ…70
白身魚のごぼう巻き揚げ………………105
大和豚と白菜のしょうがみそ鍋………107
里いもと銀杏の玄米リゾット しょうがみそ仕立て…114
せり
たけのこと春野菜の木の芽鍋…………22
アサリと春菜のくずスープ……………25
春野菜のサラダ もずくジュレがけ……26
春れんこんとせりのかき揚げ…………27
さつまいもと田作りのかき揚げ………113
ふぐと水菜の黒七味鍋…………………115
たけのこ
春野菜の蒸し寿司………………………20
たけのこと春野菜の木の芽鍋…………22
たけのことイカの自家製飛竜頭 木の芽あんかけ…25
春野菜のサラダ もずくジュレがけ……26
玉ねぎ
にがうりと紫玉ねぎのかき揚げ………46
つくし
つくし・椿の花びら・ゆきのしたの揚げもの…19
冬瓜
冬瓜そうめん青ゆず風味 じゅんさい添え…43
とうもろこし
とうもろこしのすり流し………………42
トマト
完熟丸ごとトマトのサラダ仕立て……41
トマトのしずく…………………………52
トマトとバジルのジャム………………56
長いも
花わさびと山うどの三宝柑ジュレ……16
あぶり帆立とラ・フランスのりんご酢ジュレ…71
長いもと大和きくなのかき揚げ………82
カニとかぶのレモン酢ジュレ…………102
なす
なす、オクラ、みょうがの
ごまだれ冷製葛うどんパスタ………44
水なすの変わり揚げ……………………46
青なすとタコの柑橘冷製葛うどんパスタ…54
焼きなすのスープ………………………69
なすの揚げびたし………………………88
菜の花
春野菜の蒸し寿司………………………20
アサリと春菜のくずスープ……………25
にがうり
にがうりと紫玉ねぎのかき揚げ………46
にがうりのシャーベット………………55
にんじん
粕漬け……………………………………87
地野菜の粕汁……………………………99
ねぎ
（長ねぎ、九条ねぎ、結崎ネブカ、大和ねぎなど）
田舎こんにゃくと結崎ネブカの古代米葛そばパスタ…72
大和ねぎのすり流し 揚げつくねいも添え…78

野菜

青じそ
青じそのシャーベット…………………50
タチウオの梅肉青じそはさみ揚げ……74
青唐辛子
ゆずこしょう……………………………87
アスパラガス
グリーンアスパラガスのスープ………30
アボカド
エビとアボカドのゆば巻き揚げ………82
うど
花わさびと山うどの三宝柑ジュレ……16
春野菜のサラダ もずくジュレがけ……26
うるい
たけのこと春野菜の木の芽鍋…………22
アサリと春菜のくずスープ……………25
たけのことイカの自家製飛竜頭 木の芽あんかけ…25
春野菜のサラダ もずくジュレがけ……26
えびいも
海老と銀杏のえびいも包み しょうがあんかけ…70
えびいもの酒粕あんかけ………………80
オクラ
なす、オクラ、みょうがの
ごまだれ冷製葛うどんパスタ………44
かぶ
かぶと煎り玄米のスープ………………79
カニとかぶのレモン酢ジュレ…………102
きのこのかぶら蒸し……………………111
黄カリフラワー
黄カリフラワーのスープ………………78
菊いも
菊いもと押し麦のスープ………………79
菊いもとエビのコロッケ………………83
きくな（春菊）
長いもと大和きくなのかき揚げ………82
大和豚と地野菜のごま鍋………………84
きのこ
きのこのかぶら蒸し……………………111
木の芽
たけのこと春野菜の木の芽鍋…………22
春野菜のサラダ もずくジュレがけ……26
キャベツ
春キャベツの海老しんじょ
香りごぼう巻き揚げ ゆずこしょうあんかけ…14
きゅうり
タコときゅうりの甘酢漬け……………47
クレソン
あぶり大和牛とクレソンのおひたしのひとくち寿司…73
大和豚と地野菜のごま鍋………………84
くわい
くわいの海老しんじょ揚げ……………112
ごぼう
春キャベツの海老しんじょ
香りごぼう巻き揚げ ゆずこしょうあんかけ…14
地野菜の粕汁……………………………99
白身魚のごぼう巻き揚げ………………105
小松菜
大和まなと大和麩のおひたし…………88
大和まなと海老の雑穀シューマイ 温野菜添え…100
さつまいも
さつまいもと田作りのかき揚げ………113

春野菜のサラダ もずくジュレがけ………26
和紅茶のしょうがゼリー ふきの甘煮添え…28
杏仁豆腐………51
あぶり帆立とラ・フランスのりんご酢ジュレ…71
ほうじ茶ゼリーとみつ豆………85
カニとかぶのレモン酢ジュレ………102
いちごの淡雪………108
黒豆のゼリー………109
干し柿のゼリー………109

梅干し
梅干しの天ぷら………47
タチウオの梅肉青じそはさみ揚げ………74
里いもの梅煮………88
梅ひとつの茶碗蒸し………111

柿の種
衣の作り方と揚げ方＜変わり衣＞………49

かつお節
基本のだし………7
田舎こんにゃくのおかか揚げ………112

寒天
自家製うすいえんどうのみつ豆黒みつがけ…23
大和茶あんみつ………77
いちごの淡雪………108

銀杏
海老と銀杏のえびいも包み しょうがあんかけ…70
里いもと銀杏の玄米リゾット しょうがみそ仕立て…114

葛粉
自家製葛もち………88

ごま
なす、オクラ、みょうがの
ごまだれ冷製葛うどんパスタ………44
大和豚と地野菜のごま鍋………84

こんにゃく
田舎こんにゃくと結崎ネブカの古代米葛そばパスタ…72
地野菜の粕汁………99
田舎こんにゃくのおかか揚げ………112

昆布
基本のだし………7

桜の塩漬け
塩桜のシャーベット………21

酒粕
えびいもの酒粕あんかけ………80
粕漬け………87
地野菜の粕汁………99

白玉粉
自家製うすいえんどうのみつ豆黒みつがけ…23
ほうじ茶ゼリーとみつ豆………85
干し柿のゼリー………109

茶
つくし・椿の花びら・ゆきのしたの揚げもの…19
和紅茶のしょうがゼリー ふきの甘煮添え…28
大和茶あんみつ………77
ほうじ茶ゼリーとみつ豆………85

鶏ガラ
基本のだし………7

麩
たけのこと春菜の木の芽鍋………22
葉玉ねぎと揚げ麩の和スープ………24
イカのつみれと大和麩のゆず鍋………76
大和まなと大和麩のおひたし………88
大和豚と白菜のしょうがみそ鍋………107

もずく
春野菜のサラダ もずくジュレがけ………26

ゆずこしょう
春キャベツの海老しんじょ
香りごぼう巻き揚げ ゆずこしょうあんかけ…14
青なすとタコの柑橘冷製葛うどんパスタ…54
煎り玄米のれんこんまんじゅう
ゆずこしょうあんかけ………80
ゆずこしょうの作り方………87

くわいの海老しんじょ揚げ………112

数の子
数の子と芽キャベツの葛うどんパスタ
カルボナーラ仕立て………104

カニ
カニとかぶのレモン酢ジュレ………102

魚
タチウオの梅肉青じそはさみ揚げ………74
白身魚のごぼう巻き揚げ………105
さつまいもと田作りのかき揚げ………113
ふぐと水菜の黒七味鍋………115

タコ
タコときゅうりの甘酢揚げ………47
青なすとタコの柑橘冷製葛うどんパスタ…54

帆立貝
帆立といちじくのパン粉揚げ………53
あぶり帆立とラ・フランスのりんご酢ジュレ…71

肉類

牛肉
あぶり大和牛とクレソンのおひたしのひとくち寿司…73

豚肉
豚のゆず角煮と蒸し野菜………81
大和豚と地野菜のごま鍋………84
大和豚と白菜のしょうがみそ鍋………107

卵

梅ひとつの茶碗蒸し………111

米・麦

春野菜の蒸し寿司………20
あぶり大和牛とクレソンのおひたしのひとくち寿司…73
菊いもと押し麦のスープ………79
おにぎり三種………90
大和まなとエビの雑穀シューマイ 温野菜添え…100
里いもと銀杏の玄米リゾット しょうがみそ仕立て…114

うどん・そば

葛うどん
一夜干しイカとふだん草の葛うどんパスタ
大徳寺納豆風味………18
なす、オクラ、みょうがの
ごまだれ冷製葛うどんパスタ………44
青なすとタコの柑橘冷製葛うどんパスタ…54
数の子と芽キャベツの葛うどんパスタ
カルボナーラ仕立て………104

葛そば
田舎こんにゃくと結崎ネブカの古代米葛そばパスタ…72

乳製品

牛乳・生クリーム
杏仁豆腐………51

その他

甘酒
甘酒のシャーベット………85

板ゼラチン
花わさびと山うどの三宝柑ジュレ………16

ぶどう
巨峰のコンポート………55

文旦
文旦のシャーベット………28

みかん
果実酒………86

桃
桃のジャム………56

ゆず
冬瓜そうめん青ゆず風味 じゅんさい添え…43
イカのつみれと大和麩のゆず鍋………76
豚のゆず角煮と蒸し野菜………81
果実酒………86
ゆずこしょう………87
黒豆のゼリー………109

洋梨
あぶり帆立とラ・フランスのりんご酢ジュレ…71
果実酒………86

りんご
あぶり帆立とラ・フランスのりんご酢ジュレ…71
紅玉のシャーベット………106

りんごジュース
塩桜のシャーベット………21

レモン
カニとかぶのレモン酢ジュレ………102

豆類

あずき
あずきあん………77
大和茶あんみつ………77
干し柿のゼリー………109

えんどう豆
自家製うすいえんどうのみつ豆黒みつがけ…23
ほうじ茶ゼリーとみつ豆………85

黒豆
黒豆のゼリー………109

そら豆
そら豆のすり流し わらびの葛だんご添え…13
そら豆と新しょうがのかき揚げ………27

豆乳
自家製豆腐 すだち塩とオリーブオイルがけ…110

豆腐
たけのことイカの自家製飛竜頭 木の芽あんかけ…25

ゆば
エビとアボカドのゆば巻き揚げ………82

魚介類

アサリ
アサリと春菜のくずスープ………25

イカ
たけのことイカの自家製飛竜頭 木の芽あんかけ…25
イカのつみれと大和麩のゆず鍋………76

一夜干しイカ
一夜干しイカとふだん草の葛うどんパスタ
大徳寺納豆風味………18

エビ
春キャベツの海老しんじょ
香りごぼう巻き揚げ ゆずこしょうあんかけ…14
春野菜の蒸し寿司………20
しまうりのしんじょ揚げ………47
海老と銀杏のえびいも包み しょうがあんかけ…70
煎り玄米のれんこんまんじゅう
ゆずこしょうあんかけ………80
エビとアボカドのゆば巻き揚げ………82
菊いもとエビのコロッケ………83
大和まなとエビの雑穀シューマイ 温野菜添え…100

石村由起子（いしむら ゆきこ）

香川県高松市生まれ。暮らしを楽しむ祖母の知恵にくるまれて育つ。学生時代に染織を学び、民藝に親しむ。23歳で結婚。1984年、奈良市内の線路脇の古い建物でカフェと雑貨の店「くるみの木」を、2004年には、ホテル「ノワ・ラスール」、レストラン「なず菜」、ギャラリー「月草」の3つを合わせた「秋篠の森」を始める。活動は多岐にわたり、2010年より高松市の「まちのシューレ963」をプロデュース。ショップ以外でも、奈良の食、モノの美しさを広く紹介し、奈良の町の活性化に力を注いでいる。著書に『奈良「くるみの木」のレシピ』（角川マーケティング）、『私は夢中で夢をみた』（文藝春秋）、『奈良のたからもの』（小社刊）ほか。

秋篠の森
〒631-0012　奈良県奈良市中山町1534
TEL 0742-52-8560／FAX 0742-52-8561　http://www.kuruminoki.co.jp/akishino.html
近鉄線「大和西大寺駅」より、タクシーで約10分。
または、奈良交通バス「押熊行」乗車、「平城中山」下車、徒歩5分。

くるみの木
〒630-8113　奈良県奈良市法蓮町567-1
TEL／FAX 0742-23-8286　http://www.kuruminoki.co.jp/kuruminoki.html

撮　　影	竹内章雄
デザイン	山下知子　大髙早智（GRACE.inc）
料理制作	大山佳代子　前田幸司
写真提供	浮田輝雄　矢野建彦（P34右）　奈良市観光協会　一般財団法人奈良県ビジターズビューロー

奈良・秋篠の森「なず菜」のおいしい暮らしとレシピ

発行日	2013年4月10日	第1刷発行
	2016年7月18日	第2刷発行

著　者	石村由起子
発行人	田中　恵
発行所	株式会社　集英社
	〒101-8050　東京都千代田区一ツ橋2-5-10
電　話	（編集部）03-3230-6250
	（販売部）03-3230-6393（書店専用）
	（読者係）03-3230-6080
印　刷	大日本印刷株式会社
製　本	株式会社ブックアート

造本には十分注意しておりますが、乱丁・落丁（本のページ順序の間違いや抜け落ち）の場合はお取り替えいたします。購入された書店名を明記して、小社読者係宛にお送りください。送料は小社負担でお取り替えいたします。
ただし、古書店で購入されたものについては、お取り替えできません。
本書の一部あるいは全部を無断で複写・複製することは、法律で認められた場合を除き、著作権の侵害となります。
また、業者など、読者本人以外による本書のデジタル化は、いかなる場合でも一切認められませんのでご注意ください。

©Yukiko Ishimura 2013 Printed in Japan
ISBN978-4-08-333130-5　C2077
定価はカバーに表示してあります。